堀尾佳以

若者言葉の研究

SNS時代の言語変化

九州大学出版会

若者言葉の研究——ＳＮＳ時代の言語変化

まえがき

はじめに、本書を手に取っていただき、ありがとうございます。

本書は2015年に発行した博士論文「若者言葉にみられる言語変化に関する研究」をもとに1990年代から2000年代にかけて収集した語彙を言語学的に分析したものです。例えば2022年現在では一般的に使用されている「コピる」や「告る」といった語彙は1990年代に使用され始めたものであり、その当時はパソコンの文字変換でも出てこない「新しい」ものでした。テレビで「告る」という言葉を聞いて衝撃を受けたところから興味が湧き、動詞化の「―る」言葉を収集し始め、卒論のテーマにしました。また、若者言葉は調べれば調べるほど新しく面白いものが次々と生まれてきて、2010年代の「激おこぷんぷん丸」については怒りのレベルを表す語彙の広がりについて学生が絵で解説してくれました。

このように、現在では使用されていなかったり、同じ発音の語彙でも違うものが出てきていたりと、実に多くの変化が見られます。そのため、1990年代から2000年代に使われていた若者言葉を記録・分析することで、変化の一端を捉えることを目指しました。それをふまえ、本書で取り上げている言葉たちは「変わりゆく日本語」が生きているからこそ見られる変化のいち過程であると考えていただければ幸いです。

なお補遺で若者言葉の「文法化」について、まとめのみ掲載していますが、これは別途、文法化に特化した研究を発表予定であることを記しておきます。

本書を通して言語学や日本語学に興味を持ち、「生きている日本語」の面白さを感じ取っていただけると幸いです。

若者言葉の研究――SNS時代の言語変化／目次

はじめに

生きている言語は常に変化し続けている。現代日本語も「生きている言語」であり「変化」を続けていると考えられる。この「変化」とは何であろうか。これまで現代日本語の若者言葉に見られる現象については「乱れている」と言われてきた。文化庁の「国語に関する世論調査（平成19年）」でも「今の国語は乱れていると思うか」では「乱れていると思う（計）」が79・5％と、かなり高い数値であった。

だが、本当に若者言葉は「乱れ」ているのだろうか。もしそうだとしたら、どのように「乱れ」ているのか。様々な新しい用法や語彙を収集し、分析を進めていくうちに、それらの言葉遊び・隠語としての機能のほかに、ある一定のルールが存在することが分かった。そして日常生活で出会う新しい言葉や意味、そして表現について、その言語体系を知りたい、「世代にかかわらず使用されているルールの根底にあるのは何か」を解明したい、と考えた。

先行研究を見ると、現代日本語の若者言葉は語彙など部分的な研究はあっても、流行語や俗語として考察されたものが多く、「言語変化」という枠組みでは研究されていない。そこで１９９０年代後半から２０００年代の若者言葉について、従来のルールでは説明がつかない斬新な用例を取り上げ、言語学的に分析した。また、２０１０年代の若者言葉も収集・分析することで、どのように変化が進んでいったのか、その変遷についても社会言語学的視点を中心に、現代日本語における語彙・意味・文法・用法の「変化」について、考察を行った。[1]

そして今後の言語変化研究のためにも、現在の移行の状況を書き留めておくことで、今後の変化を見る際に、共時的かつ通時的に変化の過程を見ることができるだろう。

ここでいう「変化」には、世代によるギャップだけでなく、その世代が年を重ねていく上で残るものと一過性のものがあると考えられるため、この点も考慮しながら研究をすすめる。

1　若者言葉の研究に至った経緯

日常生活で出会う「新しい言葉」「新しい意味」に新鮮味を感じ、その言語体系を知りたいと考えたのが、この研究を始めたきっかけである。これまでも卒業論文では「る言葉」を、修士論文では「ぼかし言葉」を取り上げ、若者言葉について研究を続けてきた。様々な新しい用法や語彙を収集し、分析を進めていくうちに、それらの言葉遊び・隠語としての機能のほかに、ある一定のルールが存在することが分かった。その「世代にかかわらず使用されているルールの根底にあるのは何か」を解明したいと考えた。

また若者言葉は、これまで一般書籍等で取り上げられることはあったが、言語学的にはあまり研究されてこなかった分野である。そこで、今後の言語変化研究のためにも、現在の移行の状況を書き留めておくことで、今後の変化を見る際に、共時的[2]かつ通時的[3]に変化の過程を見ることができると考えたのも、もう一つの理由である。

2 若者言葉研究の学問的意義とその方法

本書で分析対象とする「現代日本語に見られる変化」は、これまでほとんど研究されてこなかった分野であり、本書の中心となっている博士論文執筆時（２０１５年当時）においてはフロンティア的研究と言えるものであった。もちろん、先行研究はあるが、作例や出自が不明なものや、テレビドラマなどの自然ではない言語行動が対象となりやすく、自然談話を言語学的に分析したものは少ない。そこで、本書の独自性を以下に示す。

(1) 自然談話における「新しい語彙」「新しい活用」

本書では自然談話録音資料や文字化資料を使用することで、１９９０年代後半から２０００年代の

1　１９９６年以降、２００７年頃までをさす。厳密な出自年度は定かでないためである。

2　ある特定の時代・時期の言語を観察すること。本書では１９９０年代から２０００年代と２０１０年代を取り上げる。

3　一定の期間を通して言語の発達や変化について観察する。本来、50年以上の長いスパンで見ることが多いが、「若者言葉」という変化の早いものを対象としているため10年単位での変遷であっても「通時的」変化として捉える。

「日本語」を記録して分析を行う。そのため「新しい語彙」「新しい用法」の特徴を捉え、体系を明らかにすることができる。文字化された資料の情報だけでは分からなかった変化、特に、既存語彙の意味変化について、語用論[4]の視点からも分析することで、変化を明らかにすることができる。

(2) 言語変化の比較

「新しい語彙」や「新しい活用」の収集・分析によって、現在の日本語について記録し、過去の日本語との比較、および未来の日本語の予測ができる。日本語の言語変化について研究する際、比較することができる資料となりうる。

(3) 共時的視点

現代日本語の、現時点において使用が認められる言語変化と考えられるものについて、共時的分析を行う。若者言葉を中心とするため変化が継続するもの、消滅するものなどが考えられるが、本書では主に新しい活用や語彙について1990年代後半から2000年代までの資料を基に、現時点で起こっている変化を捉える。

(4) 本書で用いた資料

本書では、実際に使用されている現代日本語を分析対象とするため、若者言葉を言語学的に分析[5]するにあたり、自然談話録音資料を文字化した資料だけでなく記述資料なども収集した。

資料1　動詞化接辞「―る」

１９９９年、２００６年の2回にわたる調査により、４８３語を収集。現代用語の基礎知識および文献資料、テレビ番組などから収集した。

資料２　新しい形容詞

２００1年・２００4年に収集した若者の会話録音資料。テレビ番組の中でも「自然談話」であると考えられるバラエティ番組、視聴者参加型番組で使用されているものも対象とする。これは、出演者が使う言葉はシナリオによって書かれたものではなく、自然に発話している、と考えられるからである。この理由により、前もって決められた台詞を使用しているドラマは、分析の対象外とする。

資料３　程度の副詞

２００7年9月、同志社女子大学の女子大生１３２名を対象に記述式アンケートを実施。「程度を表す副詞」56語を収集名詞化接辞「―さ」：全国の新聞を網羅した検索エンジン「検索デスク」を主に利用。１７３９件中、従来の用法に合致しない４１５の使用例を収集した。

資料４　ぼかし言葉

九州大学大学院生、東京女子大学大学生、大学卒業後20代社会人（東京・京都・滋賀・福井・大阪）の、合計20名による自然談話録音資料をそれぞれ収集、文字化したものを使用した。「ぼかし言葉」は若者言葉と関連があり、若者の間で活発に使用されている、ということから、21歳～26歳の年代に

4　言語表現と文脈などから、話者の言葉の使い方や性質を解明する、言語学の中の一分野。

5　若者言葉を広く収集・分析するため性質の異なる様々な資料を引用している。

絞り、自然な会話をＭＤに録音し、文字化するという方法を取った。

その他、抽出語彙の例文引用については、ネット上[6]の新聞・雑誌内の検索ができる「検索デスク」[7]や「グーグル検索」[8]を参考に行う。

新しい語彙や用法と考えられるものは、従来のいわゆる国語教育で指導される文法等と異なると思われる表現である。それらが実生活の中でどのように使用されているのか、できるだけ自然談話から集めるよう努めた。ただし限界があり、特に会話の場面や使用者によっては収集しようとした新しい表現や用法、使用される語彙が出てこないことも多かった。そこで、メディアから収集できる語彙も分析対象とした。新聞や雑誌などで使用されている語彙にも変化が認められるため、新聞や雑誌から文単位の引用により収集した資料も分析対象とする。ただし、先行研究で紹介された語彙、つまり作例や出自の明らかでないもの[9]に関しては参考程度にとどめる。

6 インターネットの略。本書ではすべて「ネット」と略した方を使用する。
7 http://www.searchdesk.com/news.htm
8 http://news.google.co.jp/nwshp?hl=ja&ned=jp
9 本書では「出自が明確な資料」を使うよう努めた。先行研究のように作例のみで分析をすることなく、自然談話を主として研究を進める。なお、作例や出自不明のものについては参考資料として掲載するが、その資料だけで結論は出さない。

第1章　なぜ若者言葉の研究が必要か

本研究の目的は、

①自然談話（話し言葉）を録音・文字化して残すことで、これまで気付かれず、研究対象とならなかった語彙や用法を抽出する。

②分析にあたっては、1990年代後半から2000年代、2019年頃に確認できた若者言葉の「変化」[1]を捉え、記録し、その法則性を明らかにする。

以上の2点である。特に「変化」や「文字化」に関する考え方について本章で述べる。なお、1990年代後半から2000年代の若者言葉については【動詞・形容詞・副詞・名詞・ぼかし言葉】などに特徴的な現象が見られる

1　ここでいう「変化」とは、従来のルールとは異なる形態や語彙や活用だけでなく、新たに造られた語彙も含め、これまでの日本語にはなかったとされるものをさす。

1　変化を捉える

新しい語彙は無秩序に造られるのではなく、従来のルールによるものと、新たなルールに則ったものの、大きく2つに分けられる。若者言葉にどのような「変化」が起こっているかを明らかにし、新たなルールが存在するか否かの検討も含め、分析を行う。

2　自然談話の文字化

これまでテーマを設定した談話録音資料を文字化したものは、国立国語研究所のコーパス[2]以外にも現代日本語研究会の「談話資料[3]　日常生活のことば」などがある。例えば国立国語研究所の「日本語話し言葉コーパス」の収集方法は初対面の人が自由会話をするものであり、これでは使用語彙が限られてしまう可能性もある。実際の会話には違いないが初対面の人とのフォーマルな場面と、より親しい間柄の会話とでは出てくる言葉が変わってくるだろう。特に若者言葉は「仲間内の言葉」として使われているという性質から、本研究では親しい友人間でテーマを設定せず自由な自然談話を録音したものを中心とした。それに対し、本書の自然談話録音資料[4]は若者言葉が出やすいと考えられる20代の友人同士の会話に限り、二人だけの会話ではなく、グループ会話も採用した。この文字化資料では文脈を示すことができ、語用論的特徴も捉えられる。

3　若者言葉と言語変化の定義

若者言葉の変化を探る前に、そもそも「言語変化」とは、どのようなものなのか。そして若者言葉とは、どういった現象の表出をさすのだろうか。先行研究から言語変化と若者言葉についてその特徴や働きをまとめ、定義する。

(1)　若者言葉とは

近年、日本語に対する関心が高まるとともに、若者言葉についても様々な研究がなされてきた。本研究で対象としている若者言葉について言及されている先行研究には中野（1987）、猪野ほか（1988）、米川（1999）、藤原（2000）、今川（2000）、千葉（2000）などがある。以上の先行研究をふまえ、本書では若者言葉について次のように定義する。

2　http://ccd.ninjal.ac.jp/csj/

3　２００２年修士論文執筆当時の情報。現在は更に多くの会話が収集・公開されている。

4　文字化資料は巻末に掲載。また、品詞ごとの節でより詳しい情報を記す。

若者言葉とは

中学生から20代の男女が、若者世代といえる就職前までの時期に、仲間内で使用する。使用し始めるのが「若者」であり他の世代では使用されていない新しい表現や語彙を指す。新しい語彙や用法は、規範からの逸脱や遊びであり、特に規範からの逸脱（例：動詞化「事故る」、名詞化「親切さ」）、メディアを利用して広がった方言（例：「ばり」）などがある。

「若者」世代は年を重ねてもその当時の若者言葉を使い続ける可能性がある。またメディア[6]などで広く認知された表現や語彙などが他の世代でも使用され定着していく可能性もある。

なお、本研究では１９９０年代後半から２０００年代の若者言葉とされていた表現や語彙を分析対象としている。学位論文発表時（２０１５年）には様々な年代で使用され定着しているもの、すでに聞かれなくなったものなど含まれていることを付記しておく。

(2) 言語変化とは

新しい活用・語彙を対象とするため、新しい現象に関する先行研究は、湯浅（2005）や、村上（1972：71−92）、井上（2000）があるが、「言語変化」そのものの定義は特にされていなかった。「言語変化」については文字通りの意味で使用され、改まって定義している先行研究はほとんどない。そこで本書では「言語変化」を以下のようにまとめる。

言語変化とは

誤用から生まれたもの、従来の語彙の活用・形態・意味に変化があるもの、特に、本研究では若者言葉を分析対象としており、従来のいわゆる文法に合致しないものや「非文」となっていたはずのものの変化も「言語変化」の一つとする。言語接触による新造語なども含め、同一言語の中で時間をかけて変化していくもの、または同時代に見られる変化、全てをまとめたものをいう。

本書で分析対象としている若者言葉は、社会言語学の範疇にあるため、主に同時代に使用されていた若者言葉を中心に共時的な言語変化を扱うが、10年程度の短い期間ではあるが、時の経過によってどのような変化が見られたのかを通時的視点として「文法化」現象の分析も行った。なお本書では「文法化」についてまとめた補遺を掲載するが、今後、「文法化」に特化した研究を行う予定である。

5　「他世代では使われていないのか」という疑問があるだろう。本研究では１９９０年代後半から２０００年代にかけて使用され始めた新しい語彙や用法について分析を進めている。そのため、本書発表時点（２０１５年２月）では若者世代だけでなく他の世代で広く使用されているものもある。これは１９９０年代後半は若者言葉だったものが当時の若者世代の年齢が上がり、２０１０年代以降は定着したと考えられる。

6　発信し始めた人がはっきりしている、メディア・コピーライター主導とされる表現も存在するが、本研究では特定の語彙ではなく、機能ごとに分析を行う。

以上の通り、若者言葉および言語変化を定義した。この定義に基づき、次の章から本書の分析を進める。

第2章　若者言葉の動詞化「―る」――告る・パニクる・きょどってる

はじめに

1990年代後半から2000年代の若者言葉において【動詞・形容詞・副詞・名詞・ぼかし言葉】を詳細に分析した。そこで本章では活用の変化を伴う【動詞】について言語学的特徴を分析する。動詞化接辞「―る」は、付加する語彙またはその省略語彙に「―る」を付けるだけで簡単に動詞を作ることができるものである。古くは「サボる（＝サボタージュする）」「牛耳る（＝牛耳をとる）」といったものから1990年代後半頃から若者言葉として使用されてきた「コピる」「告る」などのようにすでに定着しているもの、そして「ファボる」[1]や「タピる」[2]といった2010年代後半に出て

1　ツイッターでツイートをお気に入りに入れること。
2　タピオカミルクティーを飲むこと。そこから派生して「タピ活」などの語彙も生まれた。

きた新しいものまで、広く動詞化する「―る」を動詞化接辞と呼ぶ。

この動詞化接辞「―る」をもつ比較的新しい動詞について1999年、2006年の2回の調査により現代用語の基礎知識および文献資料、テレビ番組などから483語を収集し、言語学的に分析を行う。

先行研究について、米川（1998：36）の「若者語を科学する」では「する動詞」として「女子大生する」を例に挙げ、「〈文法を変える〉「する」をつけてサ変動詞化する場合、上の名詞は意味上運動性のもの。」と説明しているが、この例の出自は不明である。これまで「する」によっても動詞は作られてきたが、最近ではあまり使用されていないものもある。

また飯野ほかは「はじめに（2003：p.viii）」で「日本語の母語話者なら、たとえそれが『コクる』のように（略）限られた人にしか使われていない若者言葉でも、誰もが同じように、無意識に、しかも瞬時に活用できるのである。なぜならば、（略）共有された『ことば』のルールがあるからである」と指摘した。ここでは動詞化接辞「―る」の活用について述べているが具体的な例や関連資料などは提示されておらず言語学的分析も行われていない。「誰もが同じように、無意識に、瞬時に」活用できるという根拠も示されていない。

同様に、北原（2003：356－358）では動詞化「―る」について「新しい動詞を作る造語法には、ほかにも「―る」を付けて動詞（五段活用）にする方法もある。（略）しかし、「―する」に比べると、造語力ははるかに低い。またほぼ例外なく俗語的なニュアンスを帯びるので注意が必要である」と記している。しかし、これらの記述は分析と言うには資料が少なく、「する」を付けて動詞化する造語法は数限りなく多いとする根拠が明らかではない。「『―する』に比べると、造語力ははるかに低い」

とあるが、その数値には触れておらず、どの程度の差があるか、なぜ「造語力ははるかに低い」のか、説明が不適切である。

「―する」による造語が一般的（無標）とされ、「―る」は有標[3]であるため使用傾向は限定的となる。しかし、使用法は年代によって異なるため、「―する」の方が動詞化「る」よりも造語力が高いという傾向が覆る可能性はないのだろうか。

先行研究は、分析というよりはその造語法の紹介にとどまり、語彙の収集と分析は、されていないようである。そこで活用変化に関する先行研究から動詞化接辞「―る」を次のように定義する。

1　動詞化接辞「―る」の定義

動詞化接辞「―る」と関係のある研究を挙げる。「る」によって動詞語彙を作る際は省略が多用される。これは、動詞化接辞「―る」のルールと関連があると考えられる。つまり「る」を付加するものの拍数との関係があるだろう。特に、外来語の省略との関係が考えられるため、分析を行う際の参考とする。動詞化する接辞「―る」を付けて作った語彙についての先行研究から「他の品詞を動詞化する接辞で作られた『若者言葉』である」と言える。

先行研究に挙げられているものは例が少なく、言語学的に分析したものもあまりないため、本研究

3　言語表現の一般的な使用法を無標（unmarked）、特殊な使い方を有標（marked）という。

ではできる限り多くの語彙を集め、分析する。また、若者言葉や「俗語」の要素が強いとされているが、実際は古くから使用されている語彙も同じように動詞化接辞「—る」によって作られたものも存在しているのである。

これまでの「—る」による動詞化語彙は

- 出自がはっきりとわからないもの
- 使用開始年が定かでないもの
- 現在は使用されていないが、資料には残っているもの[4]
- 地域性のある語（特に固有名詞由来のもの）

などがあると考えられる。これらの点に留意し、分析を行いたい。

2 「—る」による新しい語彙とその特徴

動詞化接辞「—る」によって作られた語彙について、1999年、2006年の2回にわたる調査と、継続した資料収集を行い、先行研究・参考文献・自然談話資料などから483語を収集した。これらの語彙について、それぞれの特徴をまとめる。

(1) 「—る」の形態的特徴

「—る」は、付加する語彙またはその省略語彙に「—る」を付けるだけで簡単に動詞を作ることができる。では、実際にどのような特徴を持つ品詞や語彙に「る」を付け、動詞化しているのだろうか。

1999年以前に収集した326語と、2006年に収集した157語、合計483語の品詞を分類し、比較を行った。語幹[5]の品詞別に、どのような形態的特徴があるのかについて見ていこう。

(2) 形態的特徴① 動詞

「─る」により、「動詞である」という標示になる。動詞化接辞「─る」によって作られた動詞は、いわゆる「五段動詞[6]」、例えば「歩く」と同じような活用をする。「告る」を例に挙げると「告らない・告ります・告る・告れば・告ろう」となる。「一段動詞[7]」である「食べる」などの動詞と同じ活用はとらない。そのため、新しく作られた語彙は、日本人であれば活用を考える必要はなく、機械的に「五段動詞」と同じように変化させることができる[8]。ではなぜ一段動詞ではなく、五段動詞が選択されたのか。動詞化「る」の語幹となる部分には影響がないため、五段動詞の活用であり、動詞の中では五段動詞が一般的、つまり「無標」であるため五段動詞が選択されたのではないかと考える。なお、動詞に「る」を付けたのではなく省略したもので形態は異なるため、ここでは新造語として数える。

4　流行語を含む。
5　語尾が変化する語彙の、変化しない部分をさす。
6　日本語教育の分野では「1グループ」と呼ばれる。例：歩く → 歩かない、歩きます、歩く、歩けば、歩こう
7　日本語教育の分野では「2グループ」と呼ばれる。例：食べる → 食べない、食べます、食べる、食べれば、食べよう
8　飯野ほか（2003）。

例[9]：しくる＝しくじる

(3) **形態的特徴② 名詞**

名詞の示すもののようになる、即ち、「(名詞) のようになる」、あるいはその名詞と関わりのある動きをするという意味の動詞を作る。

例：昆布る、ご馳る、事故る

(4) **形態的特徴③ 固有名詞**

１９９９年以前に収集した品詞では固有名詞が多数使用されていたが、２００６年に収集したものはあまり無かった。固有名詞を動詞化する特徴は、固有名詞が示す店や地名などが判断できる程度に省略して語幹とする傾向がある。また、人名や地名など一部を除いてほとんどがカタカナ表記されている。

例：デニる、ハゲる、[10]ググる

(5) **形態的特徴④ イ形容詞・ナ形容詞**

イ形容詞・ナ形容詞[11]はどのような状態であるかを表す語彙であるため、その語彙を使って動詞を作ることはあまりないようである。1999年以前に収集したものと2006年に収集したものを合わせても483語のうち8語しかなかった。

例：ほそる、がめる、エロる、斜める

(6) 形態的特徴⑤　外来語

動詞に限らず、語彙を増やすには外来語を取り入れるのが一番手っ取り早い。そのため、外来語が多く使用されることは容易に予測がつく。全体的に見ても483語中116語、つまり約4分の1が外来語である。

例：アピる（appeal＋る）、コピる（copy＋る）、ミスる（miss＋る）

(7) 形態的特徴⑥　その他（語源不明）

動詞化「る」によって作られた語彙であることは明らかだが、その動詞の語幹となっている語の品

9　例は語彙のみの場合、または先行研究で使用されているものは、そのまま「例」としており、通し番号なし。例に番号があるものは巻末付録の自然談話録音を文字化したものや、その他の資料から引用していることを示している。

10　「ハーゲンダッツへ行く。」という意味で、髪が薄くなる「禿げる」とは異なる。

11　区分説明は56ページに詳しく記す。

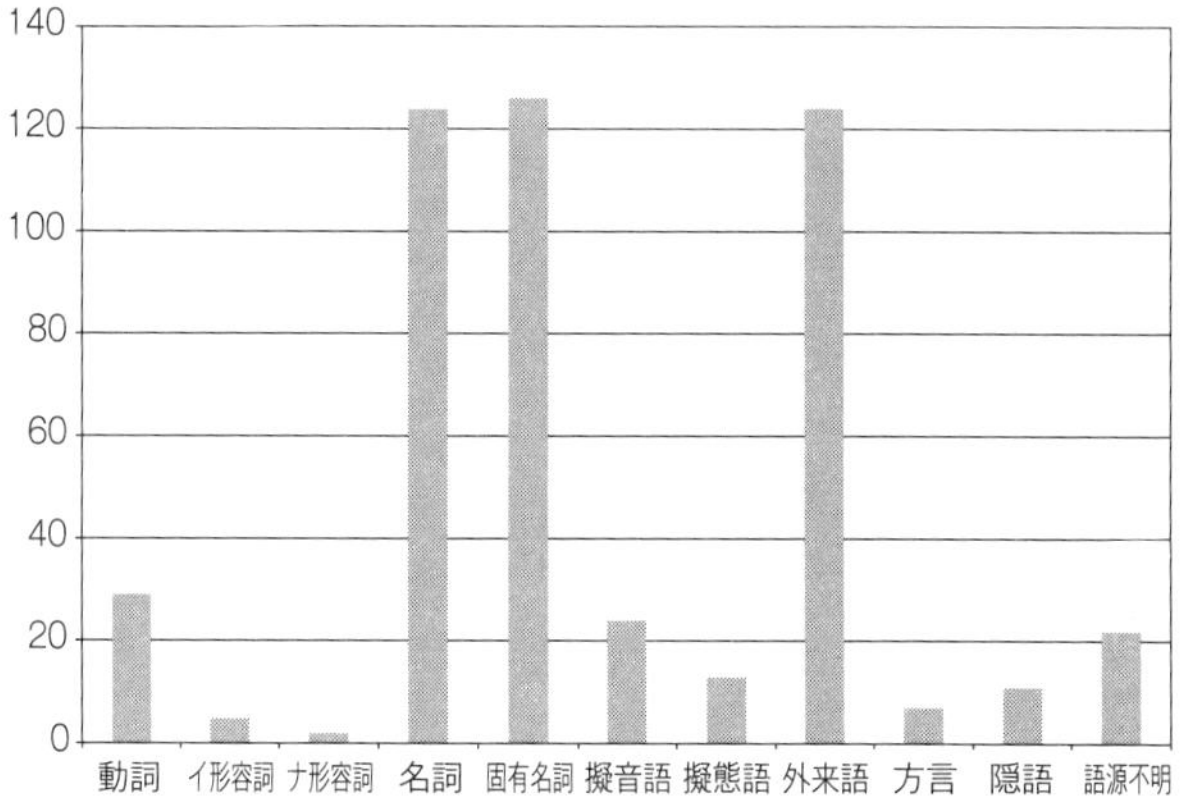

図1　動詞化接辞「―る」 語幹

詞が分からないものを「語源不明」に分類している。

例：いじゃける、かつぎゅる、キケる、だいまる、
　デボる、ふける、へくる

以上のように、語幹となる語は品詞に偏りがあることが分かった。２００６年までに収集した語彙４８３語をグラフにすると次の図１のようになる。

3　「―る」の意味的特徴

他の品詞、特に名詞や固有名詞に「る」を付けて動詞を作るが、品詞の転換だけでなく、意味にどのような影響があるのだろうか。ここからは品詞ごとに見ていく。

(1)　意味的特徴①　動詞

動詞の場合は、「きょどる」[12]「デコる」[13]など本来の動詞語彙を短くしたものが多い。ここでは元々の語彙とは異なる意味で使用されている語彙を取り上げ、それ

表1　動詞化「一る」　意味の変化

	新しい意味	従来の意味
キレる	怒りが爆発すること	一続きの物が刃物によって力を加えられたり引っ張られたりして離ればなれになる。
焦げる	日焼けをすること	火で焼けて，黒または茶色になる。
落ちる	チャットから抜けること	高い所から低い所へ移動する。それ自身の重みによって上から下へ移る。
すべる	冗談が受けないこと	物の表面をなめらかに移動する。とどまっていられなくて，なめらかに動く。

ぞれを詳しくみていく。

例：キレる、焦げる、落ちる、すべる

ここに挙げた動詞は、これまでも使用されてきた語彙であるが、従来の意味と異なるため、ここでは意味の変化とした。

(2)　**意味的特徴②　名詞**

「(名詞) のようだ」という意味となる。その名詞のようになる、という変化を示す。

例：ブタる、昆布る

(3)　**意味的特徴③　固有名詞**

動詞となった固有名詞が行ったことを模倣する、同じように振舞うことを示す。ある人物が行った行動を取り上げ、「同じようなことをする」ことを指す動詞を作る。

12　「挙動不審になる」を短く省略している。

13　「デコレーションする」を短くしている。

例：安倍る、アサヒる[14]

「安倍る」は２００７年、選挙で大敗後に続投を決めた安倍首相が突然退任したことから、「自分の責任を全て放棄してしまい、逃げること」を指す言葉となった。このように、ある特定の人物が行った行動の中でも特に問題行動となるものに「る」を付け、そのような行動を批判する意味も込められている。この他にも、「固有名詞＋る」で「そこで何かをする」という意味を加えることができる。

例：マクる、よしぎゅる、デニる、ハゲる

レストランや店の名前を短く省略し、「そこへ行く、そこで食べる」ということを示す。また、公共交通機関に関する固有名詞、特に地名の場合は「その場所で乗り換え等をする」といった、その場所の持つ機能を表す意味が付加される。

例：たんばる[15]

「固有名詞＋る」によって動詞化した語彙は、全国的に通用するものもあれば、一部地域[16]でしか使えないものもある。このように、固有名詞を動詞化する場合、

- 模倣する、同じように振る舞う
- ある特定の人物の問題行動をすること、またその批判
- 場所の固有名詞で何かをする、その場所へ行く
- その場所で乗り換え等をする

といった意味を加えるということが分かった。ここで、「なぜ動詞化なのか」という疑問が残るが、新しい語彙を作り出す造語力の高さだけでなく、活用もできるというところに「動詞化」を選んだ理由があると考えられる。米川（1988）が指摘したように、若者言葉の特徴が「規範からの逸脱」「言葉遊び」にあるとするならば、活用や応用が効きやすく、さらなる拡がりがあるという点からも「動詞化」が好んで使用されていることが窺える。

(4)　意味的特徴④　擬音語・擬態語

擬音語・擬態語を動詞にし、その語が表す様子であるという意味となる（表2）。

擬態語は4音節の畳語であることが多いため、そのうち2音節のみを使用し、語幹としているようである。その状態を伝えるだけでなく、「そのようにする」という意味を加えて動詞としている。

14　朝日新聞社が「アベする」なる語句を創出し、明確な根拠なく「（若者の間で）この言葉が流行している」と捏造としか考えられない記事を書いてまで、自らの論調に相容れない安倍首相（当時）を執拗に攻撃したのではないかとされたことからできた語彙。

15　丹波橋（たんばばし）駅で電車（近鉄 ⇕ 京阪）の乗り換えをする。

16　全国的なものと地域的なものについて区別するべきではあるが、本書では一括して分析を行った。地域性については今後の研究に譲る。

表2　擬音語・擬態語の動詞化

ガボる	ガボッとはまる	キャピる	キャピキャピはしゃぐ
グサる	グサッとささる	ダボる	ダボダボのルーズソックスを履く
ウダる	ウダウダする	テカる	顔が皮脂でテカテカ光る

表3　外来語の動詞化

動詞化語彙	元の語	品詞	外来語の意味	動詞化接尾辞「る」による意味
サボる	sabotage	名詞	破壊活動	授業や仕事などを抜け出して休む
テる	tel	名詞	電話	電話をかける
タクる	taxi	名詞	タクシー	タクシーに乗る
バグる	bug	名詞	PC 処理上の誤り	パソコン等が壊れる，おかしくなる
パニクる	panic	動詞	あわてふためく	パニックに陥る

(5)　意味的特徴⑤　外来語

外来語を「る」で動詞化した語彙は、483語のうち116語と多かった。この外来語の動詞は英語を日本語に訳してその意味を持つ動詞にしている。いくつかの例を表3に挙げる。

外来語そのものの意味を使用するだけでなく、日本語の五段動詞と同じ活用をする語彙に変えるものが多い。動詞化接辞「―る」は、名詞や他の品詞を動詞にするのに使用されてきた接辞であるが、日本語だけではなく、外来語を動詞化する際も使用されている。

4　「―る」の活用変化

動詞化する接辞「る」によって作られた動詞は省略によって短くされたものが多く、全体の拍数が3拍・4拍となるものが多い。収集した483語について「る」を加えた「語幹 ＋ る」の拍数をまとめると図2のようになる。「る」を含めた拍数は「3

拍」「4拍」を合わせると94%である。

つまり、「る」を使って作った動詞は、3拍・4拍が好まれるようである。

なお、図2では活用形「てる」の語幹は変化するため、辞書形の「る」と区別した。

5　形態「―てる」

先行研究では「する」や「る」によって作られる動詞について紹介していたが、「る」で作られた動詞が「五段動詞である」という指摘や実際の活用については触れられていなかった。また、それらの語彙が使用された時期などは明らかでないものが多い。2000年代の時点で「する」によって動詞を作るという方法はあまり使用されていないようだが、代わりによく見かけるのが「―てる」である。

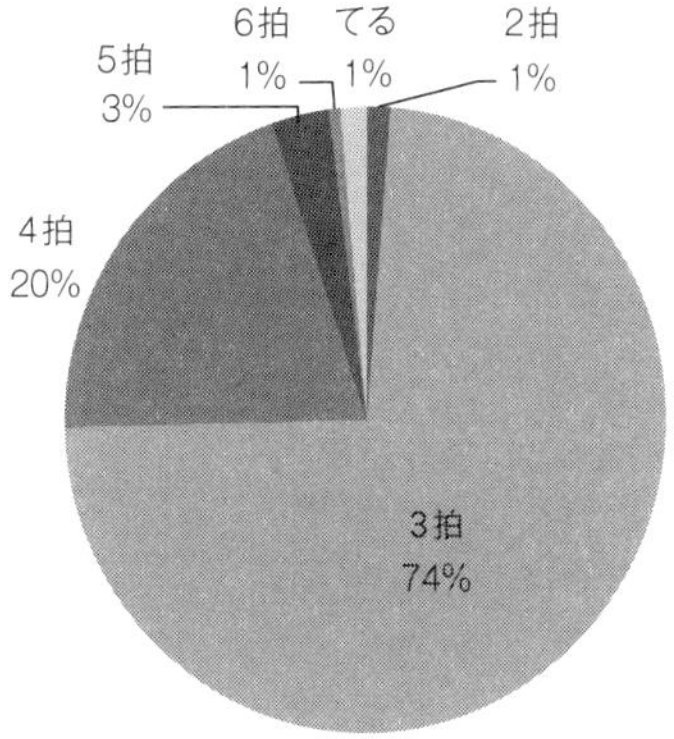

図2　語幹の拍数

例：いけてる、きょどってる、ナルってる

「きょどってる」は「挙動不審な行動をしている」という様子を示す。また、「ナルってる」は「超ナルシスト[17]である」となる。つまり、「―てる」はアスペクトの観点からも結果の継続を表しているため、人や物の状態に使用されることが多い。変化の結果が持続する結果相として「―てる」のみで使う場合が多い。「いけてる」

や「ナルってる」は「いける」「ナルる」という形で使用されることはない。なお、「─てる」という型から派生して、「─てく?」という勧誘の例も見られる。[18]

もちろん、「る」を付けて動詞化し、それを「─ている」の形にしたものとも考えられるが、これは「─ている」の形でしか使えないものもある。

本節で分析した動詞化接辞「─る」の特徴をまとめると次のようになる。

- 動詞化「る」は活用する際、五段動詞と同じ活用をする。
- 名詞、固有名詞などに付加し、「その名詞、固有名詞のようである」「そのように行動する・固有名詞（店名）へ行く／で食べる」「名詞、固有名詞の特徴を持つ」という意味を付加。
- 外来語、擬音語・擬態語などに付けて五段動詞を作る。

語彙を増やすということは、その言語が生きていることを示す証拠であろう。動詞化接辞「─る」によって作られる動詞は、同じ活用で応用できるよう、現時点では五段動詞とされていることが分かった。また、品詞によって異なるが、それぞれの語彙が持つ特徴と関わる意味を加えている。

---

17 文法形式の一つ。動詞の意味内容の完了、未完了、継続、起動、反復などを表わす。話者の発話時点から見て、話の内容が終わっているものか終わってはいないものかという基準で変化形を変える動詞の時制とは異なる。（精選版 日本国語大辞典より）

18 勧誘であるので、疑問文としてのみ使われ、文末は尻上がりイントネーションとなる。
例：カフェってく?　チャリってく?

第3章　若者言葉の新しい形容詞——普通に・微妙・すごい

次に、現在の若者が使用している「新しい形容詞」について詳しく分析を行い、その特徴を捉える。実際のサンプルを収集・分析をするため2001年、2004年に収集した若者の会話録音資料、テレビ番組は「自然談話」であるバラエティ番組、視聴者参加型番組も対象とする。これは、出演者が使う言葉はシナリオによって書かれたものではなく自然な発話だからである。この理由より決められた台詞を使用しているドラマは対象外とする。のべ30人の属性[1]は表4、5の通りである。

1　形容詞の定義

「新しい形容詞」を浮き彫りにするために、「従来の形容詞」と比較する。先行研究を参考に、「従

1　自然談話の話者として30代の6、9、10、23を挙げたが若者言葉の使用状況を顕著に示しており、ここでは例として採用している。

表4　2001年収集分　話者属性一覧

	身分	性別	年齢	出身		身分	性別	年齢	出身
1	大学院生	女	23	福岡	16	大学生	女	22	不明
2	大学院生	女	26	福岡	17	大学生	女	22	不明
3	大学院生	女	23	鹿児島	18	社会人	女	23	岡山
4	大学院生	女	23	山口	19	社会人	女	23	滋賀
5	大学院生	男	23	福岡	20	社会人	女	23	広島
6	大学院生	男	23	愛知	21	社会人	女	24	大阪
7	大学院生	男	22	山口	22	社会人	女	24	兵庫
8	大学院生	女	25	福岡	23	社会人	女	24	福井
9	大学生	女	22	福岡	24	社会人	女	23	京都
10	大学生	女	22	福島	25	フリーター	女	24	大阪

表5　2004年収集分　話者属性一覧

	身分	性別	年齢	出身		身分	性別	年齢	出身
1	会社員	女	24	岡山	16	大学生	女	20-23	不明
2	大学院生	女	25	福岡	17	バーテン	男	26	不明
3	大学院生	女	25	福岡	18	専門学校生	女	21	大阪
4	会社員	女	24	京都	19	大学院生	女	29	福岡
5	教員	女	27	福岡	20	公務員	女	26	福岡
6	会社員	女	30	福岡	21	大学院生	女	27	福岡
7	教員	女	25	滋賀	22	フリーター	女	27	福岡
8	アルバイト	女	26	大阪	23	木村拓哉	男	31	東京
9	お笑い芸人	男	39	大阪	24	教員	女	24	滋賀
10	お笑い芸人	男	42	大阪	25	会社員	女	24	広島
11	大学生	女	22	福岡	26	教員	女	26	福岡
12	大学生	女	21	福井	27	教員	女	29	福岡
13	大学生	女	22	大阪	28	大学院生	女	26	福岡
14	会社員	女	27	福岡	29	大学院生	男	26	愛知
15	大学院生	女	28	福岡	30	大学院生	女	26	福岡

来の形容詞」についてまとめる。

> **形容詞とは**
>
> 「単独で述部を形成できる判断詞」であり、物やことがらの性質、状態などを表すとともに、話し手の主観的判断、感情などを表す。後に続く名詞または名詞句を修飾するほかに、単独で述語となったり、連用修飾をしたりすることができる。「形容詞」は後に続く語や使い方によって活用し、その活用の違いから「新しい」や「面白い」といった「イ形容詞」と「綺麗な」「便利な」などの「ナ形容詞」に区別されるが、この二つの形容詞は統語的・意味的特徴を多く共有している。

先行研究である「現代形容詞用法辞典」飛田良文・浅田秀子（1991：ix）[2] は、「形容詞の新用法」と関係があるものについて作例で説明しているが、作例では実態をつかめたとは言えない。また、「日本語使い方考え方辞典」の形容動詞（2003：pp.180－183）の項目で白川は、「形容詞のほかに形容動詞という品詞があるおかげで日本語はその文法体系を少しも損なうことなく簡単に外来の語彙を取り入れることができている」と指摘しているが、この造語法は外来語が中心で日本語の他の品詞を形容詞・形容動詞にする場合について触れられていない。

2　「本書の特色と使い方」より。

若者言葉の語彙について言及しているものとして、「日本語ウォッチング」井上史雄（1998：75）があるが、新しい表現である「みたく」について「形容詞と同じ活用をとろうとしている（略）『みたい』『みたく』で、『バカみたい』『鳥みたく飛びたい』のように使われ（略）助動詞タイとも形がそっくりで、『飲みたく（なる）』『見たく（ない）』などという活用形にならって、『……みたく』が生まれたと考えられる」という。また、「うざい」については「少しずつ広がっており、長期的な言語変化の反映として扱うことができる。現在の日本語はさらに大きな変化、国際化に見舞われている。具体的に目立つのは英語の影響であ」るという。

ここで示された分析については、次のような問題点がある。

- 助動詞「タイ」、つまり「飲みたい」「見たい」とは活用の仕方が似ているが、「…みたく」を付加して作る「新しい形容詞」とは異なる。
- 「うざい」[3]の語源である方言が時間をかけて東京に流入し全国へ広がったため、「長期的な言語変化」だが、「イ形容詞」活用への統一化の可能性もある。
- 「新しい形容詞」の造語にも関連するが、英語から新しい単語を作る場合「ナ形容詞」を造るが、「イ形容詞」へと活用が統合されているかどうかについて言及されていない。

以上のように井上（1988）は新しい使用例を取り上げたという点では斬新だが、量的・質的研究分析ではなく[4]、どのように結論を導き出したのか明らかではない。

(1) 「イ形容詞」と「ナ形容詞」

形容詞は「イ形容詞」と「ナ形容詞」の2つに大別されている。これは従来の文法では、「形容詞」

と「形容動詞」と言われていた。これまで辞書などで「形容動詞は、意味的には（略）形容詞に似ているが、文法的には活用の仕方が名詞によく似ている。（略）形容詞との類似性をとらえて『ナ形容詞』と呼ばれることもある。[5]」とまとめられている。そこで本書でも、「形容詞」「形容動詞」ではなく、「イ形容詞」「ナ形容詞」を採用する。

また、本研究の分析の際、従来の形容詞の基本的な活用と比較する必要があるため、「イ形容詞」と「ナ形容詞」の基本的活用を表にしてまとめておく。

表6　「イ形容詞」と「ナ形容詞」の基本的活用

形容詞	名詞接続	否定形
い	○○い → ○○い ＋ 名詞	○○い → ○○くない
な	○○だ → ○○な ＋ 名詞	○○だ → ○○じゃない

「新しい」など日本語文法で形容詞と呼ばれる「イ形容詞」と「綺麗な」のように形容動詞とも呼ばれる「ナ形容詞」は、「それぞれ活用のしかたは異なっているが、文中での役割などはほとんど同じである」（西原ほか、1988：9）と先行研究にもあるように、基本的な役割は同じである。では、「イ形容詞」と「ナ形容詞」の違いは何なのだろうか。先行研究を参考にそれぞれが持っている特徴を比較すると、次のような「違い」が見受けられる。

西原ほか（1988）の「形容詞」においてイ形容詞は、語源が大和言葉であるため

3　「うざったい」が短縮したもの
4　2021年11月時点では、一般書である井上（1998）に関連する学術的研究は見当たらなかった。
5　岩波「日本語使い方考え方辞典」監修：北原保雄。「形容動詞」は白川博之が担当。

表7　「イ形容詞」と「ナ形容詞」の比較

	語源	造語性[6]
イ形容詞	和語	乏しい
ナ形容詞	漢語，外来語，名詞からの転成が多い	豊かである

造語性に乏しく、単独で用いられることは少ないが、それに対してナ形容詞は漢語、外来語を語源とする語が多いため造語性が豊かであり、造語法も簡単なので、新しい形容詞を容易に作ることができると指摘されている。また、ナ形容詞は物事の状態や、話し手の判断を表すものが大半で、感情、願望、否定を表すものは少ない。名詞的要素が強く名詞にもなるため、活用の仕方も名詞とほぼ同じであるという。

(2)　「新しい形容詞」の語彙

若者が使用している言葉やマスメディアで聞かれる言葉の中に「従来の形容詞」とは異なる活用をするものがある。ここで収集・分析するものが本当に「新しい形容詞」なのか単なる「用法の派生」であるかは、分析を行って結論を出すこととする。「従来の形容詞」の活用から見れば、「誤用」と思われるものが多数使用され、定着しつつあるという現状を認識し、この変化を論理的に証明する。

(3)　「新しい形容詞」の仮定義

現在使用されている、「従来の形容詞」とは異なるものを「新しい形容詞」とし、仮定義をすると次のようになる。

「従来の形容詞」とは異なり、既存のルールに従わない活用を行うものや、従来と同じ活用を行ったにもかかわらずその意味するものが異なるもの、「形容詞」の造語法が異なるものを「新しい形容詞」とする。
この仮定義を参考に、実際に考えられる「新しい形容詞」について考察する。

2　「新しい形容詞」の形態的特徴

米川（1998：50–55）の「若者言葉」[7]の省略方法を参考に、「新しい形容詞」の例を挙げる。

(1)　形態的特徴①　省略

形容詞を省略する方法は大きく2つに分けられる。
• 中略：元々ある語彙を中略。ほとんどは5拍・6拍のものを3拍に短縮。
例：ぎこい、きしょい、きわい、きもい、はずい、はんぱない、むずい
• 複合語：一つ以上の形容詞を含み何らかの省略をして作った形容詞を挙げる。
複合語a：【省略（い）】＋い
前項要素下部だけを省略したもの。これも2種類に分けられる。特に、人の様子を表す語彙に使わ

6　表7の「造語性」については「形容詞」（1988：9）に「イ形容詞の特徴（略）C造語性に乏しい」「ナ形容詞の特徴（略）造語性が豊かである（1988：10）」とあったため採用した。
7　米川の著書では「若者語」とあるが、本書では若者言葉で統一する。

れる。

複合語a1：形容詞―（並列）―形容詞

並列は、同等である形容詞を2つ並べ一つの語彙にしたものである。

例：えもい、エロかっこいい

複合語a2：形容詞―（逆接）―形容詞

逆接に関しては後項部分に重点があり、2つの相反する要素を一つにまとめた語彙である。その2つの特徴を持つものを指す。

例：カッキモイ、キモかわいい

複合語b：【省略（い）：2拍】＋【省略（い）：2拍】

二つの形容詞を組み合わせ、どちらも各要素の下部である「い」を省略したものである。前項要素2拍と後項要素2拍をあわせ、4拍で一単語としている。また従来の形容詞でも一つの形容詞のうち2拍を使用し組み合わせている。

例：キショウザ、キモウザ

複合語c：【省略（い）】＋名詞

形容詞と名詞を組み合わせて省略し、形容詞修飾した名詞を造っている。これは名詞を見るだけで、どんな名詞なのか判断できる。

例：キモヲタ、ダサ男、だらしな系

複合語d：【省略】＋【省略】い

前項要素下部・後項要素上部を省略。他の省略に比べ、元の語彙の復元がやや困難である。

例：えもい[8]＝え（ろい）＋（き）もい、うざもい＝うざ（い）＋（き）もい

複合語e：3語以上の複合語

このルールに当てはまる語彙は少ない。省略して造った一つの語彙で様々な要素を含んでいることを示すことができる。

例：かちょもい：か（なり）＋ちょ（う）＋（き）もい
　　副詞＋副詞＋形容詞
もいもいさい：（お）もい＋（き）もい＋（く）さい
　　形容詞＋形容詞＋形容詞

複合語f：副詞＋形容詞

8　本書で取り上げた「えもい」は「えろい」と「きもい」を合わせた造語でありemotionalから作られた「エモい」とは別の語彙である。

副詞の一部と後項形容詞の語幹が重なるものや方言[9]を使用し、語彙を増やしている。

例：ちょうざ、まじうざ、チョッパズ、でらうま、かなきしょ

(2) **形態的特徴② 倒置**

例：バイヤ、まいうー

以前から業界用語や隠語では、倒置という方法が使用されていた。ここで挙げた例のうち、「まいうー」は出自がはっきりしている。2000年に始まった番組「debuya」[10]で、パパイヤ鈴木と石塚英彦[11]が使い始めた。2001年に実施したアンケートでは「まいうー」に対する拒否反応もあったが、現在は定着し若者の間でも使用されている。「新しい形容詞」は、省略する形が多く、その省略によって元の語彙を変化させるため、さらに倒置して変化する必要性がないためか、倒置の例は少ない。

3 「新しい形容詞」の意味的特徴

語彙としては既存のものだが、従来の意味とは異なる「新しい形容詞」を集め、以下に示す。

(1) **意味的特徴① 痛い**

良い状態ではないことを表す。「だめだ」「やばい」「きちんとしていない」など、否定的な意味を

持つ。「痛い」を使うことでマイナスイメージを示す。

例1[12]A：そういえば来週、○○ちゃんの結婚式やろ？

B：そうなんよー。今月ぎりぎりなのに…痛いわー。

A：結構大きいもんね、出費が…

ここでは、やりくりが大変な時に大きな出費で「痛い」としている。財布や財政的にダメージがある、という意味で使われている。

例2A：あいつ、痛いわ。

B：え？また何かやったん？

対象となる人物の性格などが、常識から外れている、またはとんでもない様子であることを示す。ある人物の言動に対して、特に、マイナスの出来事について使われる。

9　2005年頃から共通語で新しい語彙を作るのではなく、各地の既存の方言が流行した。

10　2000年当時は深夜番組。2003年10月より19：55〜「元祖！でぶや」というタイトルで放送。

11　「でぶや」出演タレント。若者ではない、パパイヤ鈴木（当時34歳）と石塚英彦（当時38歳）が考えた「まいうー」が流行語となり、2013年現在でも使用されている。

12　ここから通し番号が始まるが、これは巻末の自然談話録音資料（付録）のコンテクスト例にのみ付けた。

(2) 意味的特徴② おいしい

「おいしい」は従来食べ物に使われる形容詞だったが、自分にとって何らかの利益がある、または得をするものについて使用する場合がある。

例3 A：もう、勘弁してくださいよー。
　　B：A（人名）、おいしいなぁ、その状況。

特にテレビ番組でお笑い芸人がよく使っているが、「笑いがとれる」「ウケる可能性が高い」という意味である。だが「うらやましい」とは異なり、「おいしい」とされる人の「得をすること」に焦点がある。

例4 A：ちょっと聞いてやー。最悪ー。
　　B：どうしたん？
　　A：また○○に面倒くさいこと押し付けられたー。
　　B：そうなん？
　　A：上手いこと逃げんと。
　　　あの子いっつもおいしいとこだけ持っていくんやって。

この場合は、「自分にとって都合が良いこと」「自分にとって利益となること」を「おいしい」とする。物事の一番いい所だけを取るという意味で使われている。

例5A：そうなん？　あー、じゃあ、明日とか暇？
　B：えー、うん、まあね。なんで？
　A：あのね、おいしいバイトがあるんだけど、どうかな、と思って。

「あなたにとって良い話」という意味である。「おいしい」バイトとは、時給が良い、内容があまり大変ではない、楽なものをさす。「良い」ことを強調していると言える。

(3)　意味的特徴③　普通に

自然談話の語彙を収集した2013年時点での使用例から見ると、前後の文脈から考えても「普通に」そのものには意味を持たせていないよう[13]である。

例6：(エレベーターで)普通に5階だ。降りなきゃ。

大学構内のエレベーター内での会話である。「普通に5階だ」の前までは、全く別の会話をしていたが、突然「普通に」が出てきた。ここでは「あ、もう5階だ」といった文脈であるが、従来の「普通に」とは異なった意味で使用されていると考える。

例7A：(ギターを弾いている)

13　2013年の現時点では「意味はない」と考えるが、この用例についてはさらなる分析が必要であろう。

B：ギター、普通に超うまいね。

自分のためにギターを弾いてくれた人に、演奏終了後、発した言葉である。「普通に」と「超」はレベルで見ると明らかに不整合なのにもかかわらず、一緒に使用されている。「普通に」が「超うまいね」を修飾しているとすれば問題はないという考え方もあるが、「普通にうまい」であれば通常の使用であろう。ここで「普通」とは明らかに異なる「超」が入っている点が若者言葉としての特徴であり、面白さである。なお、このように使われる「普通に」は「普通に」という固定した形で使用され、「普通だ」「普通の」といった形では使用されない。

本研究で収集した自然談話ではほとんど出てこず資料が少なすぎたため、「普通に」が出てきた理由も解明するためにも、今後も収集を続け、分析する必要がある。

(4) 意味的特徴④　素で

「素」は「飾り気のない元のままの」ではなく、「本気で」「まじで」と同意義で使用されている。

例8：素でやばい。

例9：それって、素で言ってる？

これ以外の例がなかったため、分析するのには資料不足である。ただし、従来の使い方とは異なっていることは明らかであり、意味が変化している、ということは言える。

(5)　意味的特徴⑤　びみょう

「ハッキリしない」というのが従来の意味であるが、ここでは「イマイチである」「あまり良くない、気に入らない」といった意味で使用され、マイナスの意味が含まれている。

例10：うわぁ、この味付け、びみょー。
例11Ａ：○○にあの話、した？
　　Ｂ：うーん、まだなんやけど…。びみょーやわ。

「あまり美味しくない」ということを明言したくない場合や「あの人に知らせるのはあまり気が進まない」場合に使用する表現である。

(6)　意味的特徴⑥　やばい

「やばい」は元々やくざなどが使用していた隠語で、悪い意味や、マイナスイメージで使用されてきた。もちろん、従来通りの「悪い」意味で使用されている場合もあるが、最近では「すばらしい」「良い」など、プラスのイメージで使われることも多くなってきた。

例12：これ、やばいっすよ。まじでうまいから。[14]

14　SMAP×SMAPの「ビストロSMAP」コーナーで木村拓哉が発言（2004年。放送日は不明）。

4　「イ形容詞」と「ナ形容詞」の派生形式

「イ形容詞」と「ナ形容詞」には、様々な派生形式がある。その派生形式によって品詞を変化させたり、同じ品詞だが意味を付け加えたりするものがある。「イ形容詞」と「ナ形容詞」から新たな語を派生させるため、「新しい形容詞」との関連が考えられる。ここで分析するのは「—過ぎる」「—げ」「—くさい」である。それぞれについて、見ていこう。[15]

(1)　派生形式①　—過ぎる

従来の「イ形容詞」と「ナ形容詞」に付けて動詞を派生させ、程度の高いことを示す。[16]「—過ぎる」は「イ形容詞」も「ナ形容詞」も同じように変化させて単語を派生させている。「新しい形容詞」にも「過ぎる」をつけ、さらに「る」を省略している。

例：やばすぎ（る）、キモすぎ（る）[17]

(2)　派生形式②　—げ

「そのような様子である」という意味を持たせることができる「—げ」は、文法的機能を持つ接尾辞である。「げ」を付加することで「ナ形容詞」を作ることができる。

例：退屈げ[18]、悲しげ、さびしげ、いわくありげ、心配げ、楽しげ、苦しげ、食べたげ、言いたげ

⑶　派生形式③　―くさい

従来の「―くさい」は、日本語文型辞典（1988：101）に「いかにもそのような様子であるという意味を表す。あまりよいと思われていないものに使われることが多い。よくない意味を表す形容詞に付き、その意味を強めるのに用い」ていた、と記されている。「くさい」が「イ形容詞」であるため、付加することで品詞を「イ形容詞」に変え、派生語を造る。

例：インチキくさい、バタ臭い、古臭い、面倒くさい、けちくさい

「ようだ・みたいだ・そう思うが確信が持てない」という意味も含んでいる。「よくない意味を表す語」に「―くさい」を付けて意味を強めたが、一般の名詞や動詞の過去形にも使用できるようになった。

15　「―くさい」については、先行研究の三宅（2005：72）が「接辞から助動詞へという変化をたどっている（p.73）」としている。文法化に特化した書籍にて詳しくまとめる予定である。

16　例：可愛過ぎ（る）。

17　「動詞」とするか「名詞」とするか、という問題も考えられるが、ここでは「形容詞」＋「派生形式」でできた語彙を取り上げ、その品詞については論じない。

18　ナ形容詞は「―げ」を加えると非文法的であるため、「退屈げ」「心配げ」なども非文法的である。人によってはその使用に差がある可能性がある。怪しげ、懐かしげ、心細げ、美しげ、読みたげ。

例13：棺おけくさくない？ ⇩（探していた）棺おけなんじゃない？

名詞 ＋ くさい

例14：明日は無理くさい。 ⇩ 無理だと思う

名詞 ＋ くさい

例15：あそこにあったくさい。

動詞（過去[19]）＋ くさい

例13では、探していた「棺おけ」らしきものをさして「―みたいだ／―のようだ／―っぽい」と同じように「―くさい」を使用している。例14は「無理だと思う」ものについて「くさい」を使用し、クッションを入れることで「無理」と直接的、ストレートな表現で言わないですむ。例15のように現在はそこにないが、「あそこ」に存在していた可能性がある、という表現のかわりに「くさい」を使用している。

ここで、なぜ「―くさい」を使用しているかだが、「疑わしい」「可能性がある」という意味で使われているようである。デジタル大辞泉の「臭う」[20]には、「はっきりとはわからないが、その可能性が感じられる。多く、好ましくない物事にいう。『何か魂胆が――・うぞ』」とある。この「におう」との関連が考えられる。現段階では使用例が少なく、分析するのが難しいため、今後も研究を続ける。

(4) 「イ形容詞」と「ナ形容詞」の派生形式のまとめ

以上のように、「イ形容詞」と「ナ形容詞」の派生形式をみると、どちらも同じように「イ形容詞」

または「ナ形容詞」（またはその語幹）に付加することによって派生させている。つまり「イ形容詞」も「ナ形容詞」も派生形式が同じということになる。

ここでみた派生形式の場合、新しく作られる語は付加する接尾語によって「イ形容詞」「ナ形容詞」「動詞」のどれかになる、ということが決まっている。つまり、派生する前の語が「動詞」なのか「イ形容詞」なのか、「ナ形容詞」なのかによって左右されるのではなく、付加する派生形式それ自体によって左右される、ということが言える。

5　「新しい形容詞」の活用変化

「新しい形容詞」の中でも一番大きな変化であると考えられるのが、「ナ形容詞」が「イ形容詞」と同じ活用をするようになってきている、という現象である。このような変化について述べる前に「イ形容詞」と「ナ形容詞」についてまとめる。

(1)　従来の「イ形容詞」「ナ形容詞」活用

実際にどのような活用をしているのか、従来のものと新しいものを比較してみよう。

19　「あそこにあった」を文と捉え、品詞は名詞となる、という分析も可能だが、ここで挙げた例は「あそこに」のない文でも成立していたため、「あった（動詞過去形）」として分類した。

20　「におう（臭う）」デジタル大辞泉 http://dictionary.goo.ne.jp/leaf/jn2/166262/m0u/

表8　「イ形容詞」「ナ形容詞」従来の活用との比較

		活用			活用
イ形容詞	否定	○○い ⇨ ○○くない	ナ形容詞	否定	○○だ ⇨ ○じゃない
				否定	新○○だ ⇨ ○くない
	過去	○○い ⇨ ○○かった		過去	○○だ ⇨ ○だった
				過去	新○○だ ⇨ ○かった

従来	好きだ	→好きじゃない	新	好きだ	→好きくない
従来	静かだ	→静かだった	新	静かだ	→静かかった

例：好きじゃない ⇩ 好きくない、派手に ⇩ 派手く
　変じゃない ⇩ へんくない、静かだった ⇩ 静かかった

(2) 「新しい形容詞」の活用

形容詞の活用では「～ない」の形、つまり否定形を造る際の活用法に変化が見られるようである。本来ならば「ナ形容詞」の場合、文法的には「—じゃない」という形になるべき所を、現在「—くない」のように「イ形容詞」の否定形の活用を応用していると考えられる語句が存在する。

例：ぶすくない、変くない

「新しい形容詞」では、否定形を作る際、「イ形容詞」「ナ形容詞」ともに「イ形容詞」の活用によって「ない形」を作る。しかし実際の例を見てみると、従来の文法では「非文法的」とされている「ナ形容詞」を「イ形容詞」の活用法で活用させる例が存在している。

例16 A：この服どう？
　B：うーんちょっと派手くない？

これは「ナ形容詞」に「イ形容詞」の「ない形」の作り方を適用していると考えられる。「イ形容詞」と「ナ形容詞」の「ない形」活用は異なっているが、どちらかの活用を使用する場合があるようだ。ただし、「ナ形容詞」に「イ形容詞」の「ない形」の活用を適用できる使用例が少ないため、限られた範囲での使用であると考えられる。例えば、他の「ナ形容詞」でも、「ハンサムだ」「ワイルドだ」などのように、外来語を形容詞に変化させたものには使用できないためである。

(3) 「すごい」の新用法

「すごい」はすでに定着し、「すごい」と活用すべきところでも「すごい」と固定して使用する傾向がある。テレビ番組で字幕には「すごく難しくて」と書いてあっても、実際には「すごい難しくて」と発話している、といったことが見られる。

すごい ＋ 動詞　例　すごいむかつく
　　　　　形容詞　例　すごいおしゃれ　すごいきれい

これは本来「形容詞」だが、ここでは副詞的に働いて、形態は接頭辞のようになっている。つまり、「超―」とおなじように使われている。

例17 A：あっ！知ってる！　おいしいよね
　　 B：そうそう、あそこスゴイ好き！　でね、なんかね…

この「すごい」は会話の中でも頻繁に使用されているようである。

(4)「○○ない」の変化

例18 A：かわいくなくない？
B：かわいいの？　かわいくないの？　どっち？

「かわいくなくない？」という発話を、肯定・否定のどちらなのか聞き手が判別できなかった。これは「○○ない」が活用されたことによる混乱である。「○○ない」の使用に見られる変化を分析する。

(5)「○○ない」の従来の意味

ない（打消しの助動詞）の従来の意味は次の通りである。

- 「何度考えてもわからない」のように打消しの意味。
- 「よかったら家へ来ない」「そろそろやめにしないか」のように、勧誘の気持ちをこめた質問の意味を表す。……してはどうか。動詞「ある」について「あらない」とはならない。その場合、形容詞「ない」を用いる。

「面白くない」「おだやかでない」のように、形容詞・形容動詞、およびその活用型の助動詞につく「ない」は、形容詞の「ない」であって、区別される。②で「か」などがつかず「ない」で終わるときは、上昇調のイントネーションを伴う。従来の「ない」の意味は、「打ち消し」や「勧誘」であった。「かわいくない」は「かわいい」の打ち消しであるため「かわいい」という状態ではないことをさす。

(6)「○○ない」の「新しい用法」

従来の用法では「動詞＋ない」という形で「勧誘の気持ちをこめた質問」の意味を表したが、この用法が拡大されて「形容詞」にも使用できるようになった。つまり使用できる品詞の拡大が起こったのだろう。さらに、この用法が「形容詞」に適用される際、「ない」の形を作るために、「イ形容詞」の活用法を採用し、「ナ形容詞」の活用法は除外したということもあり得る。これは、それまで「ナ形容詞」だったものが「イ形容詞」の活用によって活用・使用されていた背景があったと考えられる。

また、「新しい形容詞」では従来の「○○ない」の意味とは異なる意味を持つと考えられる。若者を中心に使用されている方法、「半疑問文」の「○○ない？」は、「ある『もの』がそうではない」のではなく、「ある『もの』が『そのもの』だ」ということや、「ある『もの』が持っている性質の通りである」という事を聞き手に確認する用法が新たに作られ、使用されている。例を挙げて見てみよう。

例19 A：このままとかかわいくない？[21]
　　B：あー、そうやんな。

従来の動詞の用法で「よかったら家へ来ない」の場合、文末に「か」などがつかず「ない」で終わるが上昇イントネーションを伴う「勧誘」である。ここに挙げた例の場合は形容詞であるため「勧誘」ではない。では何を表すかというと「同意を求める」ものである。例19のAは「私はかわいいと思うけど、あなたもそう思う？」と相手の同意を求め、Bも「そうだね」と同意している。「新しい用法」

21　二重下線は尻上がりイントネーション。

表9　「○○ない」の従来の用法と「若者言葉での用法」の比較

	従来の用法	若者言葉での用法
①品詞拡大	動詞 ＋ ない ⇨ 勧誘	形容詞 ＋ ない ⇨ 同意を求める
②イントネーション	勧誘の場合，上昇	同意を求める場合，上昇
③意味の変化	勧誘の気持ちをこめた質問	同意して欲しい

を使用した発話者（例19のA）は「肯定」の返答を期待している。しかし、実際には反対されることもある。

例20 A：こっちのが良くない？
B：そう？　あっちのが良いんやない？

自分の意見を述べる時に「良いよね」と断定せず、尻上がりイントネーションで相手に聞くという所に「同意を求める」「賛成して欲しい」という気持ちが現れているのだろう。

聞き手が「新しい用法」を知らなければ、同意を求められていると考えず、齟齬が起こるだろう。

例21 A：あれはかわいくなくない？　こっちのがかわいいやん。
B：「かわいくなくない」って、かわいいん？かわいくないん？　どっち？
A：「かわいくないと思うんだけど、どう？」っていう意味で聞いたんやけど。
B：そうなん？　分からんやった。（笑）

ここではイントネーションにより「文面のみから判断される意味」とは異なっている。「かわいくなくない」という形をとり、さらに「新しい用法」を使用し

表10　「かわいい」否定のパターンと意味

「かわいい」否定のパターン	意味
かわいくない　⇨ 否定	「かわいい」否定
かわいくない？（尻上がり）⇨ 同意を求める	「かわいい」発話者肯定・同意して欲しい
かわいく なく ない？（尻上がり）⇨ 否定 ⇨ 同意を求める	「かわいい」否定 ＋ 同意して欲しい ⇨ かわいくないんじゃないか
かわいくなく（は）ない ⇨ 否定 ⇨ 否定	「かわいくない」ということはない ⇨ かわいくないこともない

たため、混乱したと考える。

例：かわいくない ⇩ かわいいと思わない
かわいくない（尻上がりイントネーション）
⇩ かわいい

「かわいくない」という言葉を聞いた際、これまで使われ認知されてきた意味で使用する場合には、イントネーションにより「かわいいとは思わない」という意味でとることができる。しかし、尻上りイントネーションになった場合は、従来のものとは少し異なり、「かわいいよね？」と自分の感想を述べ、さらに相手に対し同意を求めたり確認したりする意味を含んでいるとも考えられる。これは「新しい形容詞」の一つであろう。「かわいい」を否定するパターンと意味について表10にまとめる。

このように、同じ言葉を聞いた場合でも、受け取り手によってその内容の解釈にずれが生じる。解釈のずれは、イントネーションに起因するものもあれば、活用によって異なる意味ととられる場合もある。なお使う人によって意味が変わることはないが、世代によって異なる可能性がある。2000年代の若者が使用した「かわいい」の否定については、尻上がりイントネーションや二重否定などがあったことを記しておく。

6　「新しい形容詞」の特徴

米川（1998：127）は「日本語には形容詞が少ないため、若者は新たに造語して不足を補い、かつそれを使うことを楽しんでいた」と指摘しており外来語からの新しい語を創造する場合には主に「ナ形容詞」を造ってきたということが言えるであろう。しかし、新しい形容詞の用法としては「ナ形容詞」だけではなく「イ形容詞」も多く作られている、つまり用法が拡大していると言える。「新しい形容詞」について「形態的特徴」・「統語的特徴」・「意味的特徴」について具体例を挙げ、言語学的分析を行った上で、以下のようにまとめることができる。

「新しい形容詞」は、造語・活用・意味において特徴が見られる。まず、造語は「省略により生まれた語彙」や「外来語を派生させた語彙から従来の用法を使用・応用して語彙を拡大」させることにより新しい語を造っている。また、語幹として使用できる語彙や品詞の許容範囲を拡大し、より自由に新しい語を造り出している。活用については「ナ形容詞」の「イ形容詞」化（一部）や「イ形容詞」の「ナ形容詞」化などが見られ、派生形式の変化も確認できた。意味的特徴としては、従来の形容詞の意味と異なる意味を持たせていた。

以上のような特徴を持つものを「新しい形容詞」とする。

第4章　若者言葉に見られる程度の副詞——激ウマ・ややウケ・サクッと

若者言葉の中でも程度の副詞はどんどん広がりを見せている。例えば「やばい」という言葉は一般的にマイナスイメージの言葉として使われていたが若者言葉となるとプラスの意味で程度が高いことを表す。他にも若者の間で方言を使うことが流行した時期があり、福岡方言を用いた「バリかわ」などが全国的に使用されるようになったことも、興味を持ったきっかけとなった。

ではまず従来の「程度の副詞」とはどういうものか、外国人のための日本語例文・問題シリーズ7「副詞」茅野ほか（1987：17-41）より引用する。

程度の副詞とは…　副詞のうち、程度や数量を表す。
程度および数量を表す従来の副詞は次のようなものである。
強調を表す言い方：おおいに、極めて、ごく、ずっと、ぐっと
程度をやわらげる言い方：かなり、相当、だいぶ、なかなか

程度の進行を表す言い方：いっそう、さらに、なお、ますます、もっと
「こ・そ・あ・ど」を使った言い方：こんなにどのくらい、そんなに
数量が多い場合：すべて、いっぱい、うんと、たくさん、よく、ほとんど
数量などを限定する言い方：せいぜい、ただ、たった、単に
数量などをはっきり限定しない言い方：およそ、ざっと、約
ほとんど、完全に近い状態：たいがい、だいたい、たいてい、ほぼ

このような従来の「程度の副詞」とは異なる新しい「程度の副詞」語彙について
使用方法…どのような機能・意味を持ち、どのような語彙と共起するのか。
使用状況…どの程度認知され、その使用範囲はどうなっているのか。
以上の2点を、語彙ごとにその使用の傾向を細かく分類し、特徴を明示したい。

1 「程度の副詞」の新しい語彙

テレビなどのメディアや、大学生に実施した記述式アンケートなどから、従来のものとは異なる「程度を表す副詞」56語を収集した。これらの語彙について「程度の副詞」と同じ働きを持つ新しい語彙は必ずしも「副詞」であるとは限らない。

表11　新しい「程度の副詞」意味の変化

新語	擬音/擬態	従来の意味	新しい用法での意味
ガツ	ガツガツ	貪欲なまでに物事をする。むさぼる	ガリガリよりも程度が高い
がっつり	新語	—	しっかり。たっぷり。思いきり
ガンガン	がんがん	勢いの盛んなさま	どんどんと，力の限り
さくっと	サクッ	すこし固い粉状のものを，割ったり噛んだりしたときの音を表す	さっさと。てきぱきと。簡潔に。あっさりと。さらっと
ずたぼろ	ズタズタ＋ボロボロ	ずたずた＝細かく切れ切れになる ぼろぼろ＝破れたり壊れた様子	ひどい有様である（省略形）
チラ	ちらり	その動きが素早い，またはごく僅か	気になる様子で少しだけ
チョビ	ちょびっと	量や程度の少ないさま。少し。	少しだけ

2　「程度の副詞」新しい語彙の形態的特徴

「程度の副詞」を増やすため他の語彙を利用して新しい「程度の副詞」を作っている。これまでのものとは異なり新しく出てきた語彙の特徴をまとめる。

(1)　形態的特徴①　漢字一文字

漢字を使用し、後節する語彙の程度が甚だしい様子を表すもの。特に強調を表すため、激しい様子を連想させる語彙が選ばれている。「激・鬼・即・爆・超・真」などである。

例：激ウマ、即レス、爆睡、超ムカつく、真逆

表 12　「程度の副詞」の意味変化：名詞

	元の意味	程度の副詞としての意味	例	修飾品詞
大人	十分に成長した人	財力があり好きなように振舞う	大人買い	名詞
鬼	恐ろしい怪物	怖い　⇨　すごく	鬼キモイ	形容詞
カメ	カメ目爬虫類の総称	亀のように遅い	カメレス[1]	名詞
クソ	糞	嫌，つまらないもの ⇨　ひどい	クソゲー	名詞
ゲロ	嘔吐物	吐くくらい（—） ⇨　すごく（+）	ゲロマブ	形容詞
バカ	馬鹿、頭が悪い	バカみたい（—） ⇨　すごく（+）	バカ売れ	名詞類
ブタ	動物の豚	豚のように太った，大きい	ブタ鞄	名詞

(2)　**形態的特徴②　名詞の転用「程度を表す副詞的用法」**

ある特徴を持つ名詞の意味を利用し、程度の副詞と同じ働きをする。これらの品詞は名詞だが、副詞的用法をしている。「大人・鬼・カメ・クソ・ゲロ・バカ・ブタ」などがある。

例：大人買い、鬼カワイイ、カメレス、クソゲー、バカ売れ、ブタ鞄

(3)　**形態的特徴③　擬音語・擬態語**

従来の「程度の副詞」では使用されることはなかったが、新たな拡大の方法として、擬音語・擬態語を使用するというものがある。元の語彙とその意味を記す。

例：ガツ勉、がっつり食う、ガンガン攻める、さくっと帰る、チラ見

(4)　**形態的特徴④　方言**

従来の「程度の副詞」を方言に置き換えたもので「バリ（福岡）、むっちゃ（関西）、めっちゃ（関西）、デラ（名古屋）」

などがある。出身地にかかわらず使用されることが記入式アンケートから分かった。

例：バリかわいい、バリバリもてる、めっちゃ良い、デラやばい

(5)　形態的特徴⑤　外来語

外来語の元の意味が程度を表す語彙であるため、意味はそのままで外来語の後ろに「スル動詞」となりうる名詞を付け、その程度を示す。「フル・プチ」等。

例：フルシカト、プチ整形、プチ家出

(6)　形態的特徴⑥　他の品詞の「副詞的用法」

「程度の副詞」は、元来「副詞」であったはずだが、新しい語彙では程度の大小・高低などを表すものとして本来名詞であった物など、他の品詞も副詞として使用するようになってきている。その中でも名詞・擬音語などがある。

例：オニ、さくっと

1　カメレス：カメのようにレスポンスが遅い、つまりカメのように返事が遅いことをあらわす。クソゲー：つまらない、酷いゲーム　ゲロマブ：すごくマブい（意味：すごくきれいだ）

3　「程度の副詞」新しい語彙の意味的特徴

「程度の副詞」として使用されるようになった新しい語彙は、元の語彙が持っていた意味とは異なる意味を持たせ、程度を表すのに使用している。次から元の品詞別に見ていこう。

(1)　意味的特徴①　名詞

元の語彙の「名詞」が持つ特徴を程度の表現に利用している。程度副詞は形容詞か副詞か、動詞を修飾するのが一般的だが、新しい程度の副詞は修飾される品詞のほとんどが名詞である。「ブタ靴、大人買い、バカ売れ」も同様の用法があったが、それは修飾される名詞が程度を表わせる「名詞」のみであった。

特に「ゲロ」「バカ」などは、元の語彙がマイナスの意味を持つのに対し、転用した際はプラスの意味を持っている。これは強調する際にインパクトを与えることが目的としており、マイナスのものを使用しているのであろう。「馬鹿売れ」の「馬鹿　＋　名詞」パターンは一般的に生産的なものである。

(2)　意味的特徴②　性質・様子

次に挙げる例は性質や様子を表す語彙であるが、従来の意味とは少し異なっている。「こ、地味に、速攻、ちょい、半端ない、マジ、やや」などがある。具体的に意味の変化を見てみよう。

表13　「程度の副詞」の意味変化【性質・様子】

新語	従来の意味	新しい意味
こ	形や規模が小さい，程度が軽い等。	小さい，子ども
地味に	態度や行動が控え目。	こっそりと
速攻	すばやく攻めること。	すばやく，すぐに
ちょい	ちょいと。ちょっと。	ほんの少しだけ
半端ない[2]	物事が完成していないこと。	突き抜けて甚だしい様子
マジ	「まじめ（真面目）」の略。	本気，真剣，本当に
やや	分量・程度がわずかであるさま。	少しだけ（程度が低い）

例：こやじ、速攻行かなきゃ、ちょい悪、マジやば、ややウケ

従来の語彙の意味と極端な違いがあるわけではないが、その語彙から連想されるイメージが利用されているようである。

(3)　**意味的特徴③　語彙化されたもの**

以上のように、従来の「程度の副詞」とは異なる語彙があるが、他の語彙への応用力はない。つまり生産性が低いか全くないものがある。例えば、「大人買い」や「ブタ鞄」のように限定された語彙にのみ付けられており、「程度の副詞」の機能ではなく、その途上の語彙化されている段階のものである。これらは、一般に程度副詞として途中の発達段階を示す好例であり、面白い例である。

(4)　**意味的特徴④　接辞「に」による副詞化**

従来の「程度の副詞」でも、「に」を付けることで副詞化さ

2　「半端ではない」が「はんぱない」に省略された形。

表 14 「程度の副詞」の類型

	大・高・速	小・低・遅
量	ガツ，ガツガツ，がっつり，ガンガン，フル	ちょい，プチ，やや，チラ
速度	即，速攻，サクッと	カメ
大きさ	巨，ド	コ，チョビ，貧
評価	クソ，死にかけ，ずたぼろ	地味に

れている語彙があった。[3] あまり数は多くないが新しい語彙で接辞「に」を付けて副詞化しているのは「さりげに」「なにげに」の2例である。特定の語彙や状況でのみ使用し、「に」によって副詞の働きを持つため、「に」を必ずともなう。また、「程度の副詞」として、これまでは曖昧なもの・中間を表すものはあまりなかったが、次のような例が見られる。

例22 A：明日のコンパ、どうする？
B：そうなんだよね…微妙に行けそう。[4]
A：分かったら電話して。

例23 A：先が見えんわー。
B：そやねん。何気にもうすぐ30やし…
A：どうなるんやろうねー。

「程度の副詞」では、「大 ⇕ 小」「高 ⇕ 低」といった尺度を持つものの、どちらかであることを示す場合に用いられることが多かったが「曖昧・中間」を表す語彙が使用されるようになったようである。

4 「程度の副詞」新しい語彙の類型

「程度の副詞」と言っても、様々な「程度」を表している。

対の関係にないが、「すごい・すごく」を示すものが多い。

例：鬼、がぜん、ガン、激、ゲロ、超、ドン、バカ、爆、バリ、バリバリ、フル、マジ、むっちゃ、めっちゃ

従来は方言の「バリ・バリバリ・ブチ・むっちゃ・めっちゃ」も「凄い・凄く」を表す語彙として全国的に使用されているようである。程度の甚だしい様子を表す語彙が多い。

ここで従来の語彙と新しい語彙の類型比率を比較してみよう。従来の「程度の副詞」は現代副詞用法辞典（飛田ほか：1994）から該当語彙を抜き出し、解説にあるキーワードを「類型」の分類に使用する。この類型は飛田ほか（1994）に掲載されている各語の解説にある分類を参考とし[5]、解説にあるキーワードを「類型」の分類に使用する。この類型は飛田ほか（1994）の分類を参考とし、例は次の表15に示す[6]。

これらのキーワードを参考に新しい「程度の副詞」についても分類を行った。

3 【いかに、おおいに、ことに、さらに、じつに、それだけに、とくに、むしょうに】が例として挙げられる。
4 「微妙に」は「行ける」を修飾しているが意味としては否定的。この用法は「否定」の意味を含んでいるが完全な否定ではない。これは「否定辞がないのに否定の意味を持つ語彙」で珍しい例と言える。
5 従来の程度副詞122語について辞典での解説を抽出し、筆者がまとめた。
6 これらの例は一部であり、資料に「程度の副詞」一覧を従来のものと新しいものの両方を掲載する。

表 15　従来の「程度の副詞」類型分類例

まけずおとらず	両者の状態や程度に差がない様子を表す。	候君は劉君にまけずおとらずよく勉強する。	合致
とことん	程度を強調する様子を表し，必ずしも最終段階への到達は意味しない。	明日は休みだから，今夜はとことん飲み明かそう。	強調
それだけ	ある数量や程度を限定する様子を表す。	お前の言いたいことはそれだけか。	限定
たった	数量が少ないことを誇張する様子を表す。	彼女は大仕事をたった一人でやりとげた。	誇張
いちばん	程度が最高である様子を表す。	風邪をひいたら薬を飲んで寝るのがいちばんだ。	最高

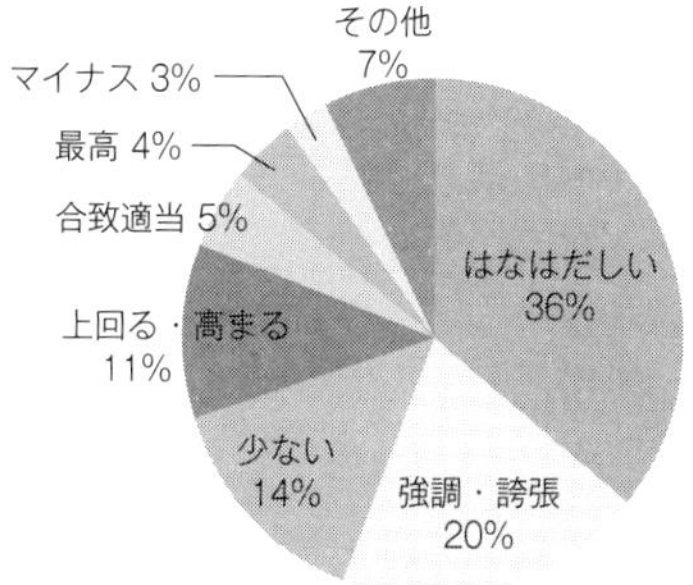

図3　従来の類型

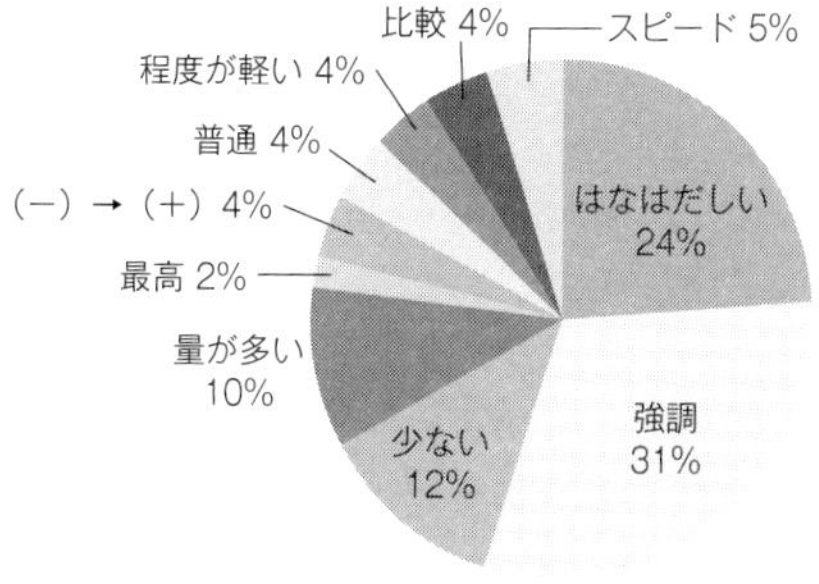

図4　新しい語彙の類型

表16では従来の類型、表17では新しい程度副詞の類型についてまとめた。この2つの表を参考に、図3と図4で類型分類を比較する。「新しい程度の副詞」の類型は「量が多い」「(−)⇩(+)」「普通」「程度が軽い」「比較」「スピード」などがある。

従来のものと比べると、新しいものは「強調」が多く、従来にはなかった「マイナスをプラスに」意味変化して使用する語彙や、「普通」、「スピード」などが新たに加えられているようである。

表16　従来の程度副詞の類型

はなはだしい	44	合致・適当	6
強調・誇張	25	最高	5
少ない	17	マイナス	4
上回る・高まる	13	その他	8

表17　新しい程度副詞の類型

はなはだしい	13	普通	2
強調	17	程度が軽い	2
少ない	6	比較	2
量が多い	5	スピード	3
最高	1	その他	3
(—) ⇨ (+)	2		

5　「程度の副詞」新しい語彙の特徴

新しい「程度の副詞」についてまとめると次のようになる。

- 程度を表す語彙（漢字一文字・名詞など）は元の語彙の品詞にとらわれず程度の副詞と同様に使用している。
- 擬音語・擬態語なども使用するようになったが、新しい語彙を「程度の副詞」として使用する場合は、元の語彙の持つ意味が重要な役割を果たしている。
- ある特定の新しい「程度の副詞」の場合には、修飾される品詞が「名詞」であることが多くなっている。

以上のように、「程度の副詞」にも新たな語彙が加えられ、変化が起こっていることが分かった。

本書では、従来のものとは異なる新しい「程度の副詞」について、その言語学的特徴を明らかにすることができた。また、形態的には他の品詞の副詞的用法など、これまでにない語彙の拡大があること、意味も従来のものとは異なっていることが確認できた。

第5章　若者言葉の名詞化「―さ」――大事さ・そっくりさ・元気さ

若者言葉として使用されている名詞の「新しさ」についてどのような傾向があるのだろうか。名詞に限って言えば、出自や使用開始が不明であるものが多い。そのため判断が難しいが、名詞を名詞化するなど明らかに従来のものと異なる名詞化接辞「―さ」を中心に論じる。

1　接辞「―さ」による新しい語彙

接辞「―さ」は従来のものに加え適用範囲を広げているようであるが、「―さ」を使用した新しい名詞「大事さ」に興味を持ったのがきっかけである。まず、先行研究「広辞苑」新村（1974：991）に「さ【接尾】」の例として「源桐壺『あさましううつくしげ―添ひ給へり』」とあるが「うつくしげさ」は現代日本語ではない。この用例のみで「名詞を名詞化する」とは言えない。

同様に、「日本語文法大辞典」山口（2001：272）には「①その程度・状態にあることを示す。『その美人さで恋人がいないなんて』」とあるが、接辞「―さ」の用例は出典が明らかではなく、実際に使

表 18　日本語学習者のためのサイトより

イ形容詞	優しい ⇨ 優しさ，嬉しい ⇨ 嬉しさ　　面白い ⇨ 面白さ， つらい ⇨ つらさ　　暗い ⇨ 暗さ，懐かしい ⇨ 懐かしさ
い A 活用	子供っぽい ⇨ 子供っぽさ　　山田さんらしい ⇨ 山田さんらしさ
な A	元気な ⇨ 元気さ，親切な ⇨ 親切さ，便利な ⇨ 便利さ スポーティーな ⇨ スポーティーさ

用されているかどうか信憑性が低い。より言語学的に分析したと考えられる清瀬（1989：13－14）は、「名詞から派生せられた名詞は名詞由来名詞（Denominal Noun）と呼ばれるが、日本語の実名詞には、（略）実名詞に由来する派生実名詞というものは存在しない」ので、「名詞 ＋ さ ⇩ 名詞化された語彙」という変化を全面的に否定している。観点は面白いが「―サ」の分析はほとんどない。日本語学習者のためにまとめられたサイト[1]には表18があった。

この資料では、従来あまり使用されてこなかった「元気さ」「親切さ」「スポーティさ」などが例として挙げられているが、実際にどのように使用されているのか、については全く触れられていない。

2　名詞化接辞「―さ」の定義

先行研究・関連文献で、接辞「―さ」の用法や役割などについて用例を挙げ言語学的に分析し、まとめたものは少ない。特徴ごとに以下にまとめる。

- 名詞に付加できるとしたもの
- 「ナ形容詞[2]」に接辞「―さ」をつけられるとしたもの
- 「名詞 ＋ さ ⇩ 名詞化語彙」に言及したもの

しかし、ここに挙げられた特徴も、文献によっては見解が異なる。このように、「日本語文法大辞典」は「美人さ[3]」など「名詞」に接辞「―さ」を付けるとする資料がある。しかし他の先行研究・関連文献では、接辞「―さ」について、ほとんど分析されていない。

(1) 名詞化「―さ」の問題点

若者言葉で使用されている新しい語彙には「名詞を名詞化する」という、従来にはなかった用法が確認できるが、このような「―さ」に関する変化はなぜ起こったのだろうか？　また、「状態を表わす名詞」は「美人」以外にも野心家、紳士、自慢、勉強家など「すごく、とても」などの程度を示す形容詞の副詞用法や副詞などが直接修飾する名詞がある。しかし、このような名詞に「―さ」を付加するのは、一般的には認められないはずである。そうすると「美人さ」という名詞にも疑問が残る。ここは素直に「美しい」＋「―さ」である「美しさ」でいいのではないか。出自が定かではないため、この「美人さ」の使用例についても調べたい。そこで本研究では接辞「―さ」によって造られた名詞について解明する。なぜ他の名詞化接辞「―感」などではなく「―さ」を加えるのか。「―さ」が漢

1　「〈すずめ〉の忘れっぽい自分のための文法ノート」http://www.geocities.jp/neko5suzume/gn02.htm#ta#ta（２００６年6月閲覧。現在は閲覧不可能。）
2　日本語文法では「形容詞」「形容動詞」とあるが、本研究では、活用や名詞との関係から「イ形容詞」「ナ形容詞」を使用する。
3　「日本語文法大辞典」p.272「その美人さで恋人がいないなんて」という例が挙げてあるが２０１２年の現時点では不自然。

語に付きやすい理由は何か。「―さ」の新しい造語の特徴を捉え、その使用例から実態を明らかにすることが研究の目的である。

接辞「―さ」による新しい造語については、全国の新聞を網羅した検索エンジン「検索デスク」[4]で検出すると1739件の使用例があり、従来の用法に合致しないと考えられる415の使用例を収集した。被験者は表4と同じである。

(2) 従来の名詞化とは

まず「名詞化」とはどういうものか、その種類と名詞化の方法を示す。次に、名詞化する接辞「―さ」の従来の用法について、先行研究を参考に、名詞化する種類を表19にまとめる。[5]

名詞化接辞の中でも「―さ」は便利で生産性の高い接辞であり、その働きにより語彙が増えてきた。先行研究・関連文献を参考に、従来の接辞「―さ」とは「他の品詞を名詞に変える文法的機能を持ち、生産性の高い接辞である。」と言える。

表19　名詞化の種類

さ	高さ，勤勉さ	イ／ナ形容詞 ⇨ 名詞
方	話し方，笑い方	動詞（ます形）⇨ 名詞
よう	言いよう，聞きよう	動詞（ます形）⇨ 名詞
性	重要性	形容詞 ⇨ 名詞
目	細め，控えめ	イ形容詞（語幹）⇨ 名詞 動詞（ます形）⇨ 名詞
げ	楽しげ，やさしげ	イ形容詞 ⇨ 名詞
感	やりきった感	動詞 ⇨ 名詞

3 名詞化接辞「―さ」に見られる変化

名詞化する接辞「―さ」は、「イ形容詞」に付けたり、「ナ形容詞（の一部）[6]」にも付けられ、これまでも使用されてきた。しかし現在の使用例を見てみると、従来の「―さ」とは異なるものが見受けられる。名詞化する接辞「―さ」に見られる変化について、

- 「ナ形容詞」に関する使用制限 ⇩ 許容範囲の拡大
- 従来の接辞「―さ」の用法と言語学的特徴
- 名詞に付加する新用法とその言語学的特徴

以上について調査・分析を行い、名詞化接辞「―さ」の変化を明らかにしたい。

4　接辞「―さ」の形態的特徴

国立国語研究所の発表している語種辞書「かたりぐさ」を使用し、接辞「―さ」が付加できる語彙を漢語と和語に分類、その品詞を調べた[7]。従来のものと比較し、新しいものの特徴を捉える。接辞「―さ」には、付加することで他の品詞を名詞に変える働きがある[8]。つまり、名詞化するという性質から形態的特徴は従来のものと同じである。ここでは従来の使用から逸脱していると考えられ

4　http://www.searchdesk.com/news.htm
5　「日本語ボランティア《すずめ》の忘れっぽい自分のための文法ノート」を改訂。
6　すべての「ナ形容詞」に付けられるかどうか先行研究などで言及されておらず、詳細については不明。
7　2007年論文発表時。
8　ここでは一般的な品詞の変化について述べているが、本研究の名詞化する接辞「―さ」は名詞に付加されることもあるようである。

るものについて見ていこう。

(1)　形態的特徴①　簡素化

例：「独裁の解明進まずスピード重視、公平さ疑問」（東京新聞 2006年6月19日）
⇩ 公平性

例：学術的真偽を別にして、緊迫さに欠けた（東亜日報 2006年6月28日）
⇩ 緊迫感

従来は「―性」や「―感」等も使用していたが「―さ」を多数使用している。これらの例からも分かるように「―さ」以外の接辞を使わず名詞を造り、名詞化ルールを統一簡素化していると考えられる。

(2)　形態的特徴②　語幹として使用される語彙の範囲の変化

例：下品で粗暴」とその悪質さを指摘していた。（北海道新聞 2006年12月18日）

例：惨敗中田になかったおちゃめさ、調整力…（ライブドアニュース 2006年6月24日）

以上のように、これまでは使用されていなかった語彙にも使われるようになっている。使用されている語彙について漢語や和語、品詞等に分類し、見ていこう。

(3) 形態的特徴③　漢語と和語、外来語

接辞「―さ」を付ける語幹についてであるが、今回収集した従来の用法と異なると考えられる415例の語彙のうち65％が漢語である。図5に示す。従来の用法で使用していた語幹だけでなく類義語の語幹にも接辞「―さ」を付加し、拡大使用するようになったと考えられる。

従来は「イ形容詞」、つまり和語を中心として「―さ」が付けられていたが、漢語にもその使用が拡大され、同様に外来語にも広がっているようである。

ここで「なぜ漢語が多く使用されているのか」について検討する。これまでのルールでは付加できなかった漢語にまで許容範囲が広がったことに伴い、使用例が増加していると考えられる。その他にも、「大切さ」と「大事さ」のようにすでに使用されていた語彙からの派生も影響していると言えよう。

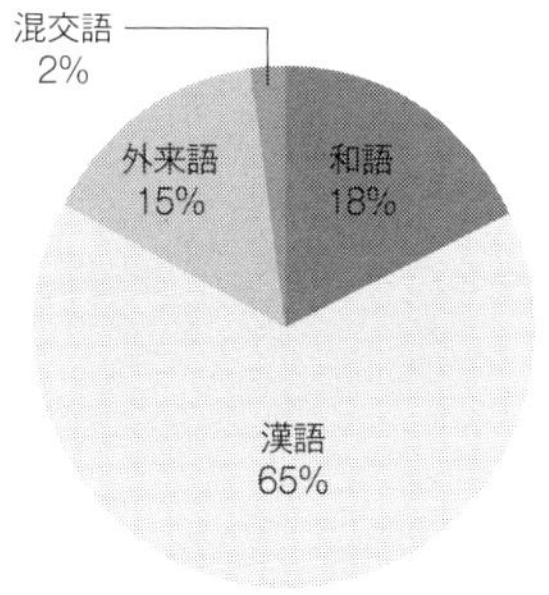

図5　接辞「―さ」の語幹

(4) 形態的特徴④　漢語と漢語の類義語

大切さ　⇩　大事さ

これらは、どちらも漢語でナ形容詞語幹なので同じように見えるが、従来は「大切さ」を使用していた。しかし、

例：信じることの大事さを教わった。（読売新聞　2006年12月18日）

例：「日ごろ平和の大事さを忘れていないか」（琉球新報

（２００６年6月21日）

のように、「大事さ」も使用されるようになった。「大事」は「だいじ」（漢語）「おおごと」（和語）と、同じ漢字で異なる読みがある。漢字表記のままでは漢語か和語か判別し難く、これまでは使用されていなかったが語彙拡大のため許容されるようになったのではないか。

以上のように「大事さ」が使用され、着実に使用頻度が増えていることが分かる。使用数が増えるにつれ、「大事さ」に対する違和感がなくなり、定着しつつあるのだ。このように従来は漢語にあまり使用されてこなかったが「―さ」を付加できる語彙が増えていることから、「和語・漢語・混交語・外来語」の区別だけでなく品詞にも目を向け、その使用について調べる。これまでとは異なる４１５例を、品詞や和語・漢語などの点から国立国語研究所の語種辞書である「かたりぐさ」の分類に沿って分けると、次の表20になる。

本研究で分析を進める４１５例は新しいもののみであり、従来の用法による例は含んでいないため漢語に付加したものが突出している。しかし、従来は「和語に付加する」という規則があったため和語が少ないわけではない。つまり、本研究で対象とした新しい語彙について「新しいものは漢語に『―さ』を付けたものが大半を占める」ということを示した。同様に、「ナ形容詞」や「ナ形容詞／名詞」の語彙数が他の品詞と比べて多いのも、従来の規則では作ることができなかったからであろう。従来の法則通り和語に付加してはいるが、従来は使用されていなかった和語や、外来語に付けた語彙もあったため、許容範囲が拡大したと言える。

従来のものは、「ナ形容詞」「名詞」、両方を有する語彙に接辞「―さ」を付けることは少なかった。

表20　接辞「—さ」を付加できる語：品詞別

	イ形容詞	ナ形容詞	ナ／名詞	名詞	副詞	その他	計
和語	26	27	9	3	0	9	74
漢語	0	93	141	27	4	4	269
外来語	0	26	2	4	0	30	62
混交語	0	6	0	0	0	4	10
計	26	152	152	34	4	47	415

しかし接辞「—さ」を付加できる語幹の使用範囲を広げたため、ナ形容詞／名詞どちらも有する語彙を語幹とし、接辞「—さ」によって名詞化されるようになったと考えられる。ナ形容詞／名詞どちらも有する語彙に使用できるようになり、さらに名詞のみの語彙も使用可能となったようである。

名詞に「さ」を付けるものが見られるが、わざわざ名詞を名詞化する必要はないはずだ。しかし、実際には415例中34例あった。この用例については、本節の「名詞」＋「さ」で詳しく述べる。

(5)　形態的特徴⑤　外来語

これまで通りであれば、外来語に接辞「—さ」を付ける場合、語幹となる語彙の品詞は、ほとんどが「ナ形容詞」だが、「イ形容詞」と「名詞」にも付けられる。しかし、現時点においては、「ナ形容詞／名詞」ともに有する外来語の語幹に接辞「—さ」を付けることはない。

例：都会的なジェントルさをアピール（bounce 2006年6月22日）

例：E280に上質感とスポーティさを高めた（カービュー 2006年6月5日）

例：象徴やアクティブさをデザイン化（日経プレスリリース 2006年12月18日）

例：計算しつくされたキャッチーさが満点！（BARKS ２００６年12月13日）

これまでは、「グロさ」など外来語に「さ」を付けた語があった。しかし、この「グロさ」は「グロテスク」から「グロい」というイ形容詞を作り、それを「―さ」によって名詞化してできた語である。しかし、現在使用されている「外来語 ＋ ―さ」によって作られた語は、外来語に直接「―さ」を付けている。

(6) 形態的特徴⑥ ナ形容詞

従来であれば「ナ形容詞」に名詞を接続していた従来の方法をとらずに、接辞「―さ」で名詞化することで、使用範囲の拡大に繋がっているようである。

そっくりな姿 ⇩ そっくりさ

例：あまりのそっくりさに会場（CINEMA TOPICS ONLINE ２００６年11月27日）
例：リピーターも増え、みな、自由さを楽しみ（神戸新聞 ２００６年6月23日）
例：でも掃除は普段のこまめさが一番。（朝日新聞 ２００６年12月20日）

「ナ形容詞」の場合、「―な点」「―な面」や、「の」などで名詞句を形成しているがこの用法の代わりに接辞「―さ」を付けることで名詞化しているのである。

(7) 形態的特徴⑦　接頭辞との共起

接辞「―さ」は、接頭辞「不・無・非・未・御」等とは共起できないのだろうか。本研究で収集した資料415例のうち接頭辞を含むものは次の11例であった。

非常識さ、不安定さ、不可解さ、不自然さ、不親切さ、不確かさ、不適任さ、不透明さ、無秩序さ、無表情さ、有意義さ

例：マネジャもその非常識さに気づいても（ITpro ２００６年12月20日）
例：株価が不安定さの度合いを強めて…（日本経済新聞 ２００７年７月26日）
例：若者たちの暴走にはなお不可解さが残る（朝日新聞 ２００６年６月25日）
例：見比べても、不自然さが浮かび上がる。（中日新聞 ２００７年７月８日）
例：その不親切さに当初戸惑う人もいたが（神戸新聞 ２００６年６月23日）
例：力不足と不適任さを指摘する（bounce ２００６年６月26日）
例：以上のような世界経済の不透明さ、政策選択（朝日新聞 ２００６年６月26日）
例：問題になった無秩序さは（中央日報 ２００６年６月26日）
例：キュートだが、無表情さが、仮面（ウォーカープラス ２００６年６月26日）
例：研修があること自体に有意義さを感じて（swissinfo ２００６年６月15日）

「不確かさ」は混交語で、それ以外は漢語である。漢語を外来語と捉え、接辞「―さ」を付加したと考えられる。また、「表情の無さ」で接辞「―さ」を使えることから「無表情」にも使用拡大したのであろう。以上のように接頭辞との共起の例もあるが、２０００年代では少なかった。今後使用範

囲が拡大していく可能性がある。

(8) 形態的特徴⑧ 「名詞」＋「さ」

「名詞」＋「さ」は、これまでと異なる415例の中で34の用例が見られた。

例：絢爛（けんらん）さに社会性をにじませた（北國新聞 2006年12月15日）

例：文章の玲瓏（れいろう）さはさすがに（産経新聞 2006年12月9日）

例：インテリアからにじみ出る粋さ。（Open Tech Press 2006年12月20日）

語幹として使用できる品詞を拡大する際、「ナ形容詞」を接辞「—さ」で名詞化するようになった。次に「ナ形容詞／名詞」の両方を持つ語彙に接辞「—さ」を付加できるようになった。その用法がさらに拡大して、「名詞」にも接辞「—さ」を付けられるようになったと考える。

(9) 形態的特徴⑨ 語幹の品詞

従来の用法では、ナ形容詞と同形で名詞が存在する場合、「さ」は付加しない。

例：元気な、元気が（ある／ない）

しかし、「元気さ」のように使用される例が見られるようになった。その他に分類されたものの中には「ズブさ」のような擬音語・擬態語もあり、使用範囲の拡大が見られる。

従来のものとは異なる、接辞「—さ」の語幹を品詞別に分類すると、図6のようになる。

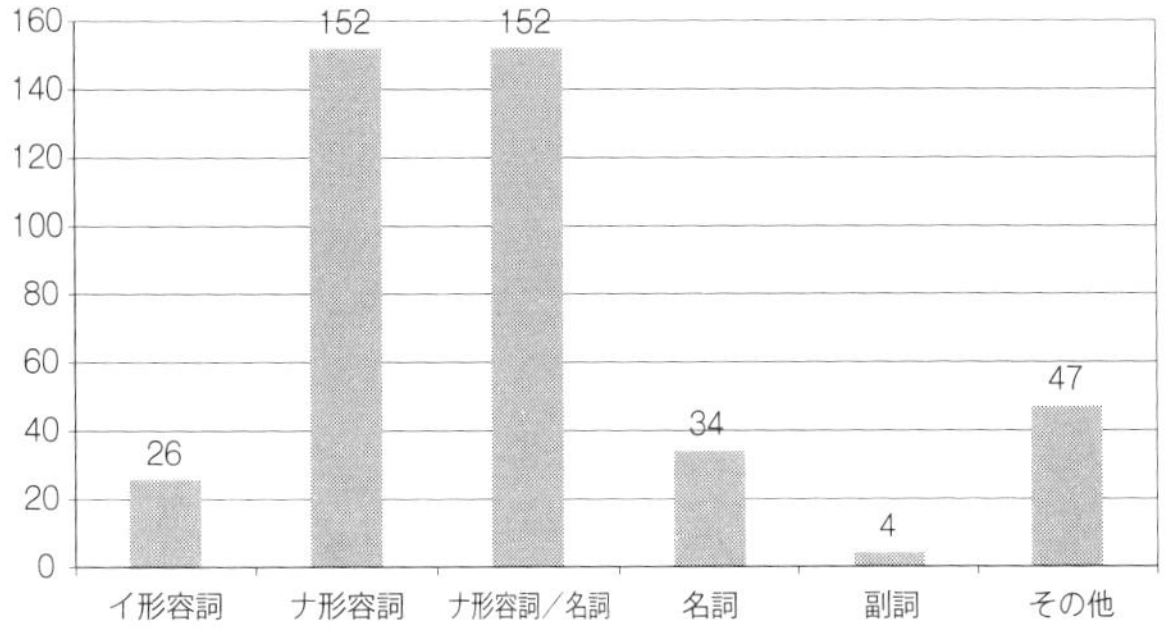

図6　接辞「―さ」の語幹品詞分類

博士論文執筆時に収集した語彙は、ナ形容詞、ナ形容詞／名詞、が多く、名詞も34語彙確認されたことから、語幹にくることのできる品詞の許容範囲の拡大が証明できた。

5　接辞「―さ」による新しい語彙の意味的特徴

どのような語彙でも用法や品詞など許容範囲が拡大したからには何かしらの原因・理由が考えられる。名詞化する接尾辞「―さ」を付けることで、どのような意味的変化が期待され、使用されるようになったのだろうか。

従来はあまり付加されなかった「ナ形容詞」や「名詞」に「―さ」を付け、語彙が拡大された。特に、「名詞」＋「さ」によって造られたが、形態的には変化が見られない。だが名詞に「さ」を付けた意味があるのではないか。また、外来語に接辞「―さ」を付けると意味に変化は現れるのだろうか。

まず考えられるのが、接辞「―さ」の持つ「付加した品詞の状態・程度・性質を示す」という意味を付加する、という理由である。一般的な事物の性質・状態に関する「ナ形容詞」には接辞「―さ」が付加でき、ナ形容詞で表される一個人、

表21　接辞「一さ」の比較

	従来のもの	用法の拡大
語幹の品詞	イ形容詞◎ ナ形容詞△ 名詞　×	イ形容詞　◎ ナ形容詞　◎ 名詞　　　◎
和語 漢語	和　◎ 漢　△	和　◎ 漢　◎
外来語	—	○ナ形容詞中心
意味	状態・程度・性質	状態・程度・性質ではない語彙 ⇨ レベルを付加

人の性質・状態については「付加できない」とされてきた。特に一個人や人の性質・状態については評価や尺度で計れないからではないか。

例：　Aさんは親切だ。

例：＊Aさんの親切さ（⇩優しさ）は他の人と比べものにならない。

同じようにして造られた、「やんちゃさ」について見てみよう。

例：次第に〝やんちゃ〟さが（明大スポーツWEB 2006年6月20日）

例：やんちゃさは影を潜め、すっかり大人（スポーツ報知2006年12月18日）

この語にはもともと程度を表すレベルは存在しないが、レベルを持たせ、特に高いレベルにある、もしくは極端であることを示すために「一さ」が使用されているようである。

以上のように、従来の接辞「一さ」と用法の拡大について、様々な角度からしてきた。

語彙を拡大する際、接辞「─さ」は、従来は「程度・尺度」を表すイ形容詞・ナ形容詞に付けられていたが、その許容範囲が広がったと考えられる。

第6章　ぼかし言葉は責任回避？——とか・っていうか・みたいな

若者が使う表現の中には「新しい表現」があり、１９９０年代後半には「ぼかし言葉」[1]が流行し、現在も使用されているものもある。また、「問題な日本語」（北原編 2004：34）にも収録されている「こちらきつねうどんになります」といった「バイト敬語」なるものが出現し、その使い方には疑問が投げかけられると同時に、日本語に対する関心が高まった時期でもあった。

先行研究である「新世代の言語学」飯野他（2003：71）では若者言葉について、「若者言葉は常に変化しているし、若者以外の人でも使う場合もある。（略）若者言葉は語彙レベルに顕著に現れる。短縮したり2つのことばを混ぜ合わせたりと様々な方法で新しいことばを創りだす」としている。そして、「―じゃないですか」「―ってゆうかぁ」「―とか」「―みたいな」といった一連のぼかし表現について具体例を挙げている。しかし、ここに挙げてある例は不自然なものが多く、出自も明らかでない

1　「ぼかし言葉」は２０００年前後から使用されている語であり、「あいまい表現」等と同じく定着したものとして扱う。

上、言語学的な分析は行われていない。これ以外の先行研究においても

- 分析の使用例の出自が不明。
- 分析対象の用法が曖昧。
- 分析が断片的で全体が概観できない。

といった点に共通した問題があった。若者言葉に関する先行研究もある特定の語彙を分析したものが多く、それぞれの語彙の形態的・統語的・意味的な変化については言及されていない。つまり、若者言葉の側面は見られるものの、全体的な把握ができず、言語変化の一端を担っていることも証明できていない。以上のことをふまえ、本章では「活用」「語彙」の2点を明らかにするために、自然談話を中心に分析を進め、「言語変化」とどのように関わっているのかを見る。

従来の「あいまい表現」とは異なる「ぼかし言葉」[2]について、実際の自然談話資料を分析し、具体的にどのようなものなのかを記す。また、特徴・用法・働きについて使用例より分析し、「ぼかし言葉」とは何なのかを解明する。

1 「ぼかし言葉」とは何か

「ぼかし言葉」の分析をするにあたり、まずは「ぼかし言葉」を定義する。「ぼかし言葉」とは、以下の3条件を満たすものとする。

- 付け加えることで、表現をぼんやりとしたものにするもの
- 除外しても、文の大意は変わらないが、ニュアンスに差があるもの

・責任の所在がどこにあるのかを、分からなくしてしまうもの

先行資料「平成11年度国語に関する世論調査」には４語、[3]「２００１年度版現代用語の基礎知識」には20語[4]が挙げてあった。これらを参考に「ぼかした言い方」「ぼかし」に選ばれた語彙の実例を挙げながら検証する。

「ぼかし言葉」分析の資料として、九州大学大学院生、東京女子大学大学生、社会人（東京・京都・滋賀）、及びフリーター（大阪）の合計20名による自然談話録音資料をそれぞれ収集、文字化したものを使用する。「ぼかし言葉」は若者言葉と関連があり、若者の間で活発に使用されているということから、21歳～25歳の年代に絞り、自然な会話をＭＤに録音するという方法をとった。合計16時間におよぶ文字化資料は、巻末に付録として添えた。

２　「ぼかし言葉」の分析：音韻・形態

本研究で分析対象とする「ぼかし言葉」は、次の18項目である。

2　堀尾（2002）修士論文「ぼかし言葉について」に詳しい。
3　―のほう、―とか、―的、―みたいな
4　―とか（ぁ）、―って感じ、―する人　―ってゆうか／つうかぁ／てぇゆうかぁ、だもんで、それって、なんかさあ、―じゃん、―じゃないですか。―じゃね?、―かも（ね）、―したんだー、したいっちゃしたい、だっちゅーの、だぴょん、―系（なごみ系・いやし系）、モード、―的、気分、―状態

とか、―って感じ、―（する）人、―ってゆうか、―だもんで、―じゃないですか、それって、なんかさあ、―かも（ね）、したいっちゃしたい、―系、―的、―気分、―状態、―のほう、―みたいな、―っぽい、―くらいの

先行研究に挙げられていた「―じゃん、―じゃね?、―したんだー、だっちゅーの、だぴょん、モード」は用例が確認できなかったため除外し、上記の18語を対象とした。

言語学的分析を行うため「アクセント・イントネーション」「形態レベル」「意味レベル」「その他語用論（談話）レベル」に分け、分析を行う。最終的には、共通する特徴を「ぼかし言葉」の特徴として整理する。

3 アクセント・イントネーション

アクセント・イントネーションに特徴が見られたのは「ってゆうか」[5]であった。ここでは実際の会話例におけるアクセント・イントネーションの特徴について記す。

文頭で turn-taking（話者交替）として働く「ってゆうか」

例24 A：今日な、駅でカメラ買って来たっちゅうねん。

B：わー、すごい

A：ってゆうかな、チャリンコ持って行かれてるかもしれへんって

＝（買って来た）ことはいいが、自転車を持って行かれるかもしれない

文頭で turn-taking（話者交替）として働く「ってゆうか」の場合は、「ゆ」の部分でのみ高くなっている。意味との関連でアクセントの上げ下げが激しい。

⑴　アクセント・イントネーション①　変化

「ぼかし言葉」の場合、「みたいな」のアクセント・イントネーションは、使用される場面によって異なっている。その違いは「―？（疑問）＋みたいな」「断定＋みたいな」の2通りである。「―みたいな」の直前にくるものによって、アクセント・イントネーションが変化している。実際に、例を挙げて見ていく。

⑵　アクセント・イントネーション②　―？（疑問）みたいな

例25：どこがいいん？みたいな感じやって、自由に発言権がなかってん（笑）

例26：知ってる？みたいな感じで[6]

5　本研究では促音で始まる表記を採用する。実際に発音する場合「てゆうか」の直前の拍がどんなものでも、まず閉鎖の状態になる。歯茎に舌端が接触した状態から［te］へ移動する時少し破裂する。その後［te］を発音するので、その若干の破裂を「っ」（促音）で表記する。アクセントを左右する要素に使用の違いが考えられる。

6　この録音資料では他の話者と重なる「／／」が「か／／んじで」と入る部分であるが、本論で分析する際には必要ないため割愛している。付録には録音資料の文字化したものをそのまま掲載している。

疑問の最終拍、つまり「―みたいな」の直前の拍は疑問文のため高くなる。それに呼応し「―みたいな」の「み」の部分も高くなるが「たいな」の部分は低いままである。

(3) アクセント・イントネーション③ ―みたいな

例27：そうそう。だけど、親にしてみれば、納得いかない、みたいな

例28：みんな若かった、みたいな。平均年齢的に。

「―みたいな」の直前部分が断定なので、直前の拍のアクセントは低いものが多い。従来のものは、1の「～？（疑問）＋みたいな」と同じアクセント・イントネーションだと言える。「ぼかし言葉」では、従来のものと、新しいものの、2種類を使い分けている。アクセント・イントネーションに特徴のある「ぼかし言葉」は、他にはなかった。

4 形態的レベル

次に形態レベルの変化と考えられる「―系」「―的」「―っぽい」「―とか」「―って感じ」「―（する）人」「―ってゆうか」「―系」「―状態」「―のほう」「―みたいな」「―くらいの」について見ていこう。

(1) 形態的特徴① ―系

【名詞／形容詞 ＋ 系】⇩ 名詞

例29：なんか肉系多いよなあ、私たち

「系」を付けることで、何らかの系統を表す。形容詞にも付けられ、名詞化させる。ある枠組みで傾向が同じものをまとめ、その中へ入れていく時に使用される。

【固有名詞　＋　系】⇩　名詞

例：渋谷系＝渋谷のマルキュー（１０９）で売っているような服を着ている人

これらの特徴を持つ人々を指す。地名だけでなく人名も使われることがある。枠組みを代表する人と系統が似ていれば、そのグループに属することを示す。

例：キムタク系、ノリカ系

(2)　形態的特徴②　―的

【名詞／固有名詞　＋　的】⇩　名詞

例30：何でなん?って。私的にはこれから盛り上がっていく予定やった

例31：多分気持ち的に余裕ないと思うね。

これまでは「漢語＋的」が使用されていたようだが、２０００年代の若者言葉では「人名＋的」または、「私　＋　的」という使い方がされている。これは「あいまい語辞典」(1996：185－186) で指摘

された「中国語で『―の』にあたる助辞『的』を英語の“-tic”という形容詞接尾辞に見立てた」という「―的（例：浪漫的、熱狂的）」などの一般的な使い方とは異なっている。本研究で取り上げた「人名 + 的」も「私 + 的」も形容詞として使われているわけではない。この新しい「人名 + 的」「私 + 的」の「―的」は名詞の働きをしており、「―的には」という形で使われている。これは「あいまい語辞典」で従来の「―的」の意味②として挙げられている意味に近い。人名が許されるようになり、許容度が上がったため「―的」の「―」は名詞であれば何でもよい。「―的」の結合形式は多様化した反面、意味は狭められたのである。

例32：まあ、流れ的に入っていく話で
例33：違う。なんか、それが逆にキャラクター的に許される／／から、

人物、人の動きに関するものに付けられる。何にでも付けることができるが、「的」の後ろは「には」や「に」といったものが付け加えられることが多い。元々は「熟語」＋「的」で使用されていたものが自分や人についても使われるようになった。

【固有名詞 ＋「的」】

例34：○○ちゃん的には、話し合って？いきたいねんけど
例35：で、△君的にも私□□って大事な友達やねんって言ってて

固有名詞では人名のみに使用できる。「的」を加えることで、その人物の考え方や性格についてその

人の視点で述べられるようになる使い方である。この性質を考慮すると、地名や物の名前など、他の固有名詞に使用できるとは考えにくい。

(3)　形態的特徴③　―っぽい

【名詞　＋　っぽい】⇩　形容詞

「―っぽい」を付けて名詞を形容詞に変化させる。また、活用させた「―っぽく」もある。「大人っぽい、飽きっぽい」などは以前から存在していたが、「ぼかし言葉」は状態を表すもので、もの、グループなどについても表現できる。

　例36：すっごいおいしそうじゃない？　これ、ミルフィーユっぽくない？

「ミルフィーユだ」と断定せず、相手の同意を求める曖昧な推量である。あるグループに属するものと同じ特徴を持つと話者が自分で判断した場合「―っぽい」を使用する。

また、形容詞への変化ではなく助動詞「ようだ」と同じような意味で使用する「っぽい」も存在する。

　例37：っていうかねえ、カスタードっぽいパンを今日食べて
　例38：なんか、うちっぽくて、その買ってきたケーキが（笑）

1990年代頃までは「のような」が付けられていた名詞の、ほぼ何にでも付けられるようになった。

(4) 形態的特徴④ とか

【引用 ＋「とか」】

例39：受けたい人は残ってテスト受けて下さい、とか言われて、

例40：え、いいよ、いいよとか言って。私じゃないし、とか言って。

聞き手または第三者の発話に「とか」を付加し、「話し手ではない人の発話」であることを示す。また、聞き手が元の発話を聞いていない場合、自己引用に「とか」を付ける。誰が何を言ったのか、どこからどこまでが誰の発話なのか、理解しやすくする。

例41：先生、それほんまに買うのん？って言われて、買うで、「とか」言ったら、うそー、「とか」いって言われて、買うって、「とか」言ってほんまに買いに行って、

例文41の「とか」の部分を引用として使われる「って」に変換すると次のようになる。

例41′：先生、それほんまに買うのん？って言われて、買うで、「って」言ったら、うそー、「って」いって言われて、買うって、「って」言ってほんまに買いに行って、

このように、「買うって、「って」言って、」の部分では「って」「って」「って」と3回続いてしまい、聞き手は引用がどこなのか分からなくなり混乱する。そこで「とか」を使用し、引用部分を明確にしていると考えられる。

【動詞 ＋「とか」】

例42：今度社員旅行で、グアム？とか、どっか行くとか言って、

例43：〇〇っちゃんとこ面白そうやねん。海行ったりとか

終止形・否定形の後に付けることが多いが、動詞の活用すべてに付けられる。また、テンス[7]に左右されないという特徴を示す例が、次の44と45の例である。

例44：すごい失礼なこと言って、凄いむかついた[8]とかって言ってた

例45：終了してる…もう、せーへんから、もうむかつく、とかって（笑）

このことからも、動詞に「とか」を付加する際の制限はほぼない、と言える。

【形容詞 ＋「とか」】

例46：外国人は嫌いだけど日本人は好きとかっていうのを

例47：やぶいとか。電車に乗りよって、あ、今やぶかったとか

⇩　終止形　　⇩　過去形

7　テンスは「時制」を表す文法形式のことであり、主な形式は現在形と過去形である。

8　語幹の動詞「むかつく」の過去形、現在形どちらでも使用している。

形容詞の終止形、または連体形を用いる。過去形・否定形は使うことができる。「とか」はほぼ何にでも付加できるが形容詞の活用形の一部には使用できない。

【名詞 ＋「とか」】

例48：ね、もう、こんななの。プリクラとか比じゃないって

例49：それやったら電車とかバスとかで乗り放題とかのが

「とか」の前の語彙は、それ以外の選択肢があるものである。並列の「と」「や」の代用も可能だが、最後の並列要素にも「とか」を付けられるという点で「と」「や」とは異なる。また、後続を話し手が限定せず、漠然としたものとなる場合もある。

例50：んー、なんか、友達関係とかってもうできちゃってるからー

ここで「省略された対象」として連想されるものは、話し手や聞き手によって異なる可能性がある。例えば、友達関係以外に何がくるのか予想できる。ただし、

例51：まだ語学の学校とか決めてないんだよ

ここでは、「留学先の国に行く前に、決めておかなければならないことや物」というカテゴリーに属するものを連想する、ということについては先の例と同じである。

【固有名詞　＋「とか」】

例52：土曜日か、日曜日にー、まあ、新宿とかでー、ぶらーっとして

例53：こういうメールが入って来たの。ドラゴンメールとかって言って

人名の並列であれば、話し手と聞き手の間にある程度の人間関係が必要だが、地名やモノの場合、そのものを知っていれば話し手と聞き手の関係にかかわらず、使用できる。

(5)　形態的特徴⑤　―って感じ

【引用　＋「って感じ」】

例54：過去は過去、今を生きてんねん、って感じがするからな、

例55：（笑）食わせろって感じ（笑）

話し手が元発話を思い出す場合、または、コンテクスト内での登場人物の考えや発話を想像する場合に付けられる。「感じ」は、話し手本人の感覚であり、自分の判断で、その元発話者とされる人物の考えを想像した、ということを示すことになる。

「って感じ」の直前は自分の意見であるが、言い切っていないのには理由がある。例えば、「って感じ」の代わりに、言い切りの形「よ」を入れてみよう。

例55′：（笑）食わせろよ（って感じ）（笑）

「って感じ」と「よ」を比較すると聞き手に与える印象がかなり変わることが分かる。「よ」では強すぎる印象を柔らかくし、聞き手がいる場合に使用できない表現にも使える。

【動詞 ＋「って感じ」】

例56：そうやねえー、結構ねえ。大恥かいたって感じやけどねー、

例57：人気落ちたよな、全盛期は過ぎたって感じ

動詞の過去形・終止形を用いる。完了したことについて、「って感じ」を付加することで、その仕手（動作主など）に対する話し手本人の感覚であると伝える。

【形容詞 ＋「（って）感じ」】

「イ形容詞」＋「感じ」

例58：酸っぱい感じ、さわやか

例59：あとね、なんかね、前髪が可愛い感じになっ／／た。

「ナ形容詞」＋「感じ」

例60：ふーん、なんか、ねえ、結構ボーイッシュな感じで

例61：こう、ちぐはぐな感じがしてる（笑）

「イ形容詞」は原形に、「ナ形容詞」は形容詞ではないものに「な」を付けて形容詞化し、さらに「話し手の価値判断基準」として用いている。形容詞が前置していた用法から、品詞を選ばない「新しい用法」へと、機能が拡大していった。

【名詞＋「って感じ」】

例62：これいつの電話番号って感じ、これ、多分茨木（笑）

例63：そうそう、それよりもこっちのほうが高級って感じだよね

あるものや事柄についての自分の感覚や感想なので、「って感じ」の前項に名詞が含まれているのである。

(6) 形態的特徴⑥ ―（する）人

【動詞＋「（する）人」】

例64：持ってるかどうか聞くの忘れてたの。MDかなんか持って／／る人？

例65：だって○ちゃん、腐ったおにぎり食べてもあたらへん人やで

話し手を含む話題の人物の特徴を説明する。現在形または進行形で使用されることが多く、過去形

はあまり見られない。動詞に後置することが多く、形容詞・副詞・名詞にはほとんど付けられない。

(7) 形態的特徴⑦ ―ってゆうか

【動詞 ＋「ってゆうか」】

例66：ちょっとシャットアウトされるってゆうか興味ない、みたいな

例67：○○だって落ち着いとるよ。落ち着いとるってゆうか、

例68：っていうか今日ねえ、してたってゆうか、時々してるんだけど、

テンス（時制）に左右されない。動詞の活用などにかかわらず、どんな動詞にも使用できる。自然談話録音資料には、過去形の例があまり出なかったが実際は使用されている。

【固有名詞 ＋「ってゆうか」】

例69：この組み合わせが。○○ちゃんには△△ちゃんってゆうか

例70：アラブ系の人がしてるって、アラブっていうか……

どんな固有名詞にも付加することができる。あまり制約はない。

(8)　形態的特徴⑧　―系

【名詞　＋　「系」】

例71：え？ なんで？　おじさん系が多いの？　若い人いるの？

例72：うん、なんかご飯系とか食べたい

単独の語彙としてはその意味しか持たないものに「系」を加えてより広いカテゴリーであることを示している。

【固有名詞　＋　「系」】

例73：アラブ系の人がしてるって、アラブっていうか……

自然談話になかったが「シブヤ系」「アキバ系」など特定の地名、芸能人名などにつけ、特徴を示す。

(9)　形態的特徴⑨　状態

【名詞　＋　「状態」】

例74：また来て、それに返して、みたいな、今、一応文通状態やねん

従来は形容詞などに付加されたが、名詞に「状態」を付けることで、その名詞の動きや特徴を示す。「経営状態が良い／悪い」のような表現もあるが、用法に広がりが出て、どのような名詞でも使用で

きるようになった。ツイッターでは「メーテル状態[9]」「パニック状態[10]」「メンテナンス状態[11]」といった使用例も見られるが[12]1990年代後半から2000年代の自然談話ではあまり見られなかった。今後も観察していきたい。

⑽ 形態的特徴⑩ —のほう

【名詞 ＋「のほう」】

例75：噂を、噂っていうかファンクラブの方で、言ってた

例76：今な、なんかドリンクのほうラストオーダーって言われてんけど

名詞、または固有名詞にのみ付けられ、動詞・形容詞・副詞には付けられることはない。相手（聞き手）の求めるものや必要なもの、または話し手が考えて先を読むものがくる。

【固有名詞 ＋「のほう」】

例77：「地獄の肉団子9丁目」になります。お後こちらが「とりあえず」のほうになります

例78：お待たせいたしました、「湯葉しゅうまい」のほうになります

「バイト敬語」としてそれぞれのお店で先輩から教えられることもあるため、一般的な会話ではほとんど使われないが、店で買い物や注文した商品名に付けられることが多い。

⑾　形態的特徴⑪　―みたいな

【発話文　＋「みたいな」】

例79：躍動感溢れる論文にしようと思ったのに、みたいな（笑）

例80：そしたら普通やったらまた遊びに行こうや、みたいに

考えてはいたが発話していないもの、実現できなかったものなどが引用される。元の発話では聞き手に対して言えなかったことを今現在の聞き手には言える場合にも使う。元発話で言えなかった引用部には否定的要素が含まれていることが多い。

【動詞　＋「みたいな」】

例81：笑って誤魔化す、みたいな、うそうそ

9　ツイッター：２０１８年１月30日SERINA投稿。銀河鉄道９９９の登場人物メーテルのようであるという意味で使用。

10　ツイッター：２０２１年11月30日みけぽん（本人）投稿。データベースの記録削除の際、ＩＤ指定を忘れてパニックになってしまった、という時の自分の状態を示している。

11　ツイッター：２０２１年11月30日IRIAM（イリアム）キャラライブアプリ投稿。「メンテナンスをします」という意味で「メンテナンス状態に入ります」と使用。

12　「メーテル状態」「パニック状態」「メンテナンス状態」は２０２１年11月30日閲覧。

例82：周りにこう学校が、クラスが、教室がある、みたいな。

言い切り形に後置される。「みたいな」が話し手の感覚で判断していることを示す。話し手がその表現が強かったり厳しいと判断した場合、後で付け加えることもできる。

⑿　形態的特徴⑫　―くらいの

【発話引用　＋「くらいの」】

例83：あっちは10時くらいに出てんだけど、ぐらいな感じ

例84：住むよ、まじで。仕事終わって最終に間に合う、くらいの

「―くらいの」には「今現在（またはその時点で）自分は○○だ」という含意があるため現在形・未来形には付加できるが、過去形には後置されない。過去形に付けられるのはコンテクスト全体が過去の時点で進行している場合となる。

本研究で分析した「ぼかし言葉」は、動詞、名詞との結合が好まれているが、この特徴は「ぼかし言葉」そのものが持つ意味とも深い関わりがある。「―だもんで、―じゃないですか、それって、なんかさあ、―かも（ね）、したいっちゃしたい、―気分」については従来のものと変化が見られないため、「ぼかし言葉」とは言えない。

5 「ぼかし言葉」の意味的特徴

「ぼかし言葉」とされる語彙のうち、意味レベルで変化が見られたのは、以下の８項目である。意味のレベルでも従来の表現には違いがあることが分かった。

6 「ぼかし言葉」の語用論的特徴

(1) 語用論的特徴①　「ってゆうか」の機能

「ってゆうか」の使用範囲は幅広い。率直に反対意見を述べるよりも「ってゆうか」というクッションを挟むことによって、会話自体が柔らかい印象になる。機能としては

- 談話中の話題と関連しているけれども、別の話題へと転換する。
- 「ってゆうか」を使用することで、その話し手が話題をコントロールできる。
- 「より適切なものへの言い換え」のニュアンスを持たせる機能もある。

「ってゆうか」はほとんどが文頭に来ており、そのうち発話者の発話の始めに出ている。このことから「ってゆうか」は話者交替（turn-taking）の目印となる。

(2) 語用論的特徴②　コンテクストとのかかわり

一文だけでは意味の違いが掴みにくいものがある。コンテクスト（文脈）によって、意味が分かる

表 22　ぼかし言葉　新しい意味と従来との違い

ぼかし言葉	新しい意味	従来のものとの違い
って感じ	「—という気がする」「—という感覚である」話し手本人が感じたこと、話し手の感覚であることを示す。	前置引用部分や語彙のニュアンスを変化させる。
—（する）人	「(自分は)○○する人のようだ」話し手が自分自身のことを第三者の立場で表現することで「ぼかす」。	「自分はこうだ」と言い切らず第三者の立場に立ち，自分のことでは無いかのように表現。
ってゆうか	言い換え：というよりもむしろ… 話題選択：（関連する）△△って… 割込：それよりも、私はね… 導入：そういえば 新情報：そのことについて（情報）	目的や機能で意味が異なる。
—系	系統に分類されるもののうちの1つ 同類項・類似性「—の仲間／—の類」「～に似ている／—っぽい」	カテゴリー全般を指し特定の語彙に使用。知識がなくてもどのような［もの／人］であるか予想がつく
状態	状況説明：○○という状況である ○○をしている 類似：○○のような，○○に似た 変化後：○○になってしまった	［もの／人］の状況を分類。 共通情報や知識を利用し，即座に理解できる。
みたいな	「ようだ・みたいだ・だろう」の使用範囲網羅。更に用法を拡張	「—ミタイダ」＝文末 「—ミタイナ」＝名詞が後置 新「—ミタイナ」＝連体修飾止め
っぽい	あるものや人に対して、他のもの・それに当てはまると考えられる，名詞や形容詞を使って表現する	従来：ある人物の特徴などについて「～のようである」 新用法：人だけでなく「もの」にも使えるようになった。
くらいの	「そのくらいの」	従来：名詞・形容詞に付加 新用法：動詞・発話文に拡大

と考えられるため、以下にコンテクストを載せる。

例85 A：え、頼んでたん、これで終わりやったっけ？　⇧　料理の確認
B：え、あの湯葉なんとかは？　⇧　足りないものについて
A：これこれこれこれ。えー？　⇧　前文のものを指摘
B：あれー？　⇧　疑問
A：うん、これだけっぽい。　⇧　回答（ぼかした表現）
B：ほんま。どうする？　⇧　他の案

注文していた料理に対して、全て揃ったのかどうかを、確認している場面である。ここでの「これだけっぽい」の意味としては、「これだけのようである」や「これだけみたいだね」と近い。しかし、「これだけだよ」とは言い切っていない。つまり、どちらの場面でも、その場にいる聞き手に対して断定的に言うことを避けている。話し手が十分な情報を得ていない場合や自信がない場合にも使用できる。また、間違っていた場合に、この場面で言い切らなかったことで、発言に対する責任を負わずに済むと考えられる。

なお、「どういう場面で使うか」という点に関しては、若者言葉が仲間内の言葉であるということからも、その相手は友人や親しい人であるということを記しておく。

7　ぼかし言葉の特徴

本研究では「ぼかし言葉」について分析・調査を行った結果から、「ぼかし言葉」の特徴について提言する。

音声的な特徴＝「ぼかし言葉」自体のアクセント・イントネーションは、前置する発話文や語彙に左右されない。

形態的な特徴＝「ぼかし言葉」そのものが「ぼかす」意味を持ち、発話文を引用する場合や語彙に後続する。

形態素として、語彙に付加されることでその語全体がぼんやりする。

以上の2種が考えられる。

発話文に「ぼかし言葉」を加えることにより、発言の責任はあるが、その内容・判断についての、責任の所在が明らかではないものを、引用できる。動詞のみ、名詞のみに付加されるもの、品詞を選ばないものがある。

語用論的特徴＝コンテクストの中で、もともとの単語、元来の用法とは異なる使われ方をしてぼかした表現となるものがある。

その他　＝非文法的だと考えられるものは「―的」だけだが、これも「―的」を「―は」と同じ、主題化の代わりに用いている、とすることで、文法に沿ったものである、と言える。

「ぼかし言葉」全体の特徴としては、「ぼかし言葉」を付けることで、グループ化し、その語彙に関連するカテゴリーを包括することができるようになる。また、あいまいで責任の所在があやふやとなる。

「ぼかし言葉」であるかどうかを判断する場合、「ぼかし言葉」の形態的な特徴を利用する。語彙や形態素を取り除いた時に、その表現が断定的になるものは、その取り除いたもの自体が「ぼかし言葉」の働きを持つ「ぼかし言葉」である、と言える。

本研究により、次の11項目を「ぼかし言葉」とする。

—とか、—って感じ、—（する）人、—ってゆうか、—系、—的、—状態、—のほう、—みたいな、—っぽい、—くらいの

第7章　進化し続ける若者言葉

本章では2010年代に流行した若者言葉を収集・分析し、1990年代からの若者言葉との違いについて検討する。

1　2010年代の若者言葉の品詞分類

まず、客観的な資料として「現代用語の基礎知識」に収録されている2010年から2019年までの若者言葉を分類し、分析する。収集した、のべ語彙数は4179語、異なり語彙数[1]1008単語であった。[2]

この若者言葉の異なり語彙を品詞別に分類したグラフが図7である。

1　異なり語彙数とは、他の年に収録されていた同じ語彙は1つとして数えた場合の数字を表す。

2　ただし、この資料がどのように収集されたのか使用者の属性などについては不明であることを記しておく。

収集した異なり語彙1008語について本研究で提示した品詞ごとの特徴に沿って分析を行う。

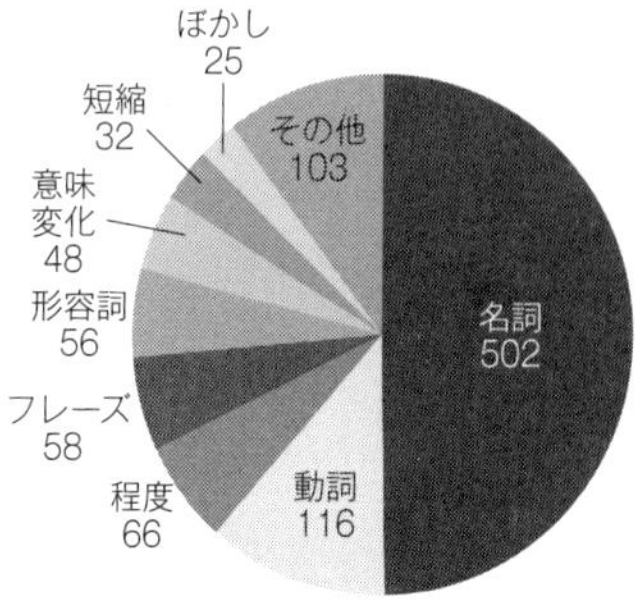

図7　2010-2019 現代用語の基礎知識に掲載された「若者言葉」品詞分類

(1) 動詞化接尾辞「―る」

動詞化接尾辞「―る」で造られた新造語彙は53語[3]で、2000年代の若者言葉から継続的に使用されているものも多い。語形成について、その構成要素と形成方法は第2章で述べた1990年代の若者言葉の形態的特徴[4]や統語的特徴と同じであり、特に新たなものはなかった。そこで、特に新しい語彙について考察する。

まず、新しく出てきたアプリの固有名詞から動詞化した「スノる（＝カメラアプリSNOWで写真を撮る）」や、流行っているタピオカを動詞化した「タピる[5]（＝タピオカミルクティーを飲む）」などがある。これらの新出動詞は時事的な要素を含んでいる。新出動詞の例をいくつか挙げる。

この表23からも、新しく出て来た語彙や、よく使用するようになった語彙が動詞化されていることが分かる。また、元々ある語彙を短縮したものが挙げられている。

(2) 新しい形容詞

本書でまとめた「新しい形容詞」にあてはまるものは56語あり、その中で新出語彙や特徴あるものを取り上げる。まずはこれらの語彙を語構成と品詞について分類し、表24にまとめる。

表23　動詞化「る」2010–2019年新出語彙

語彙	意味	初出
ファボる	ツイートをお気に入りに入れる。Favorite から	2013
ライブる	Instagram でライブ配信を行うこと。	2018
リムる	ツイッターでフォローをやめること。remove より	2016
ジモる	地元でジモメン（地元の友人）と遊ぶこと。帰省すること。	2019
じわる	面白さなどが後からじわじわとくる。	2017
ニタる	ニタニタする，ニタニタ笑う。	2018

表24　新しい形容詞 2010–2019年新出・特徴的語彙

語彙	元の語彙	特徴	初出
おしゃかわ	オシャレだ ＋ かわいい	ナ形容詞 ＋ イ形容詞（い無し）	2016
おばかわ	おばさんっぽい ＋ かわいい	イ形容詞 ＋ イ形容詞（い無し）	2010
グロかわ	グロい ＋ かわいい	イ形容詞 ＋ イ形容詞（い無し）	2010
ドクカワ	毒々しい ＋ かわいい	イ形容詞 ＋ イ形容詞（い無し）	2012
ナチュかわ	ナチュラルだ ＋ かわいい	ナ形容詞 ＋ イ形容詞（い無し）	2011
夢かわいい	夢（＝乙女チック）＋ かわいい	＋ イ形容詞	2015
逆に	逆だ	「逆に」という形で固定	2011
さりげに	さりげなく	派生，「さりげに」の形で固定	2010
シャレオツ	おしゃれ	置換	2012
ぜんつま	全然 ＋ つまらない	短縮	2017
なう	Now	Twitter，ひらがな表記	2011
なにげに	なにげなく	派生	2010
なるはや	なるべく早く	短縮	2010
ねむしん	眠い ＋ しん	うざい ⇨ うざしん	2013
はよ	はやく	方言　ネット用語：はよしろ	2015

3　動詞化「る」による造語のみを数えたものであり、従来の若者言葉なども含めると図7の116語ある。

4　動詞化「る」の語幹となる部分には影響が無いため、五段動詞の活用である。また、動詞の中では五段が一般的、つまり「無標」であるため五段動詞が選択されたのではないかと考える。

5　「タピる」から「タピ活（タピオカを飲むこと、タピオカ店をハシゴすること）」などの派生語も生まれている。

「形容詞 ＋ 形容詞」の特徴は「かわいい」のバリエーション、「イ形容詞」である標識（marked）であるはずの語末「い」を省略、という点が挙げられる。形態は、「ナ形容詞」としても「名詞」としても使用できるようにしている可能性がある。「ナ形容詞」の特徴としては「逆に」、「さりげに」、「なにげに」の語末が「に」で固定され、全て副詞的に使用されていると言える。

ここで特筆すべきは「さりげに」「なにげに」である。

「なにげに」は誤用が広がって定着したものとして岩波国語辞典（第8版）に掲載されている。一方、「さりげに」はまだそこまでの認知度がなく、若者言葉に分類される。

では、この2つの表現について具体的に見ていこう。

「さりげに」「なにげに」は動詞などの用言を修飾する機能を持っている。

どちらも形容詞「さりげない」「なにげない」の「ない」を除き、ナ形容詞活用語尾「に」を付けて副詞化した語である。

形容詞		ナ形容詞活用語尾	
さりげない	さりげ	＋ に	⇩
なにげない	なにげ	＋ に	副詞化

なお、同様に「〇〇げない」が「〇〇に」となる語彙が今後増えていく可能性もあるが、本書執筆時点（2021年7月）では同じような語彙は他に確認できていない。

(3) 程度の副詞

「程度の副詞」新出語彙は66語で、その中でも特徴的なものを表25にまとめる。「あげぽよ」は他にも「さげぽよ」「ひまぽよ」「らぶぽよ」などがある。また擬音語「サクサク」、「今日（の）いち（ばん）」といった語彙も新たに使われるようになった。「ぐうかわ」は、ネット電子掲示板（BBS）サイト2ちゃんねるの「なんでも実況J」[6]にあった「ぐう畜（＝ぐうの音も出ないほど畜生）」が起源とされる。「圏外」[7]は、枠からはみ出したという意味から「あり得ない」へ転用されている。「ガンダ」のように2000年代からの「ガン」は定着が見られる。

(4) 名詞化接辞「―さ」

「現代用語の基礎知識」の2010年版から2019年版に掲載された「若者言葉」の項には、名詞が502語で若者言葉1008語のうち、おおよそ半分を締めている。しかし、今回収集した語彙リストには、名詞化接辞「―さ」によってつくられたものは収録されていなかった。[9] 一方で、接尾辞「―み」による名詞化語彙が4語あった。「―み」については2(2)で分析をおこなう。

6　「なんJ」とも言われ、2ちゃんねる（現5ちゃんねる）で2004年に発足した〝なんでも実況（ジュピター）〟板の略

7　「現代用語の基礎知識」（2016）では「意味」のみ提示されており、使用例はないため、これ以上の分析は難しい。

表25　「程度の副詞」2010年代の新出語彙

語彙	意味	特徴	初出
あげぽよ	気分アゲアゲ。テンションが上がった状態。	「ぽよ[8]」＝接尾語	2012
ガンダ	ガンダッシュ ⇨ 超いそいで。	ガンの定着	2010
今日いち	今日の一番。	一番良い	2013
ぐうかわ	ぐうの音も出ないほどカワイイ。	最上級の褒め言葉	2017
くそリプ	つまらないリプライ。		2016
圏外	あり得ない。	レベルが高い	2016
サクサクいく	テンポ良く仕事などを進める。	擬音語 ⇨ 転用	2010
チョイチョイ	頻繁に，ちょくちょく。		2019
ほぼほぼ	「ほぼ」よりも確実性の高いときに使う。	畳語による強調	2013

(5)　ぼかし言葉

今回収集した「現代用語の基礎知識」の異なり語彙数1008語のうち、本研究で解明した「ぼかし言葉」の特徴にあてはまると考えられるのは25語あった。それらの語彙のうち2010年から2019年まで継続的に使用されていることが認められたものと、掲載が止まり、すでに廃れた可能性のあるものに分けられた。

定着したもの：―感、―系、―っぽい、―てか、―的な、とか、―になります、―のほう、みたいな

廃れた可能性のあるもの：―くない？、―状態、―って感じ、よさげ

(6)　表記に見られる変化

本書の基となった博士論文で研究対象とした1990年代後半から2000年代の若者言葉にも表記に特徴はあったが、ごく少数であった。その後2010年～

2019年にかけて表記に特徴あるものが更に出てきたため、取り上げる。

漢字表記を分解した「タヒ ⇩ 死」「ネ申 ⇩ 神」は、2文字で1文字の漢字を表している。この「タヒ ⇩ 死」[10]に関しては、ネット上で「死」という文字を使用すると通報や逮捕という事例が増え始めたことが関係していると考えられる。直接的に分かる「死」ではなく、文字を分解した「タヒ」や「氏」といった他の文字で表現するのである。「氏」の他にも「市ね」などの表記を使う例もある。

また「ネ申 ⇩ 神」はもっと前のワープロ時代、フォントサイズが自由に変更できなかった頃に、字を大きく見せる「倍角文字」を使っていた。しかし倍角文字はパソコン通信で送れないため、偏（へん）と旁（つくり）に分解して1つの漢字を2つの文字で表していたという。[11] 同じ読みであるが他の文字を使用した「乙＝おつ」や「まぢ＝まじ」も、表記による遊びが見られる。カタカナの形が似ている「ン」を「ソ」で表記した「ゴミソ＝ゴミン（ゴメン）」もあった。

8　造語辞典の解説では「『ぽよ』は言葉の響きが可愛らしくなるから付けられただけであり、言葉自体に特に意味はない」とされている。
9　収録されていなかった理由は不明であり、語彙の収集方法に原因がある可能性もある。
10　numan 用語集に詳しい説明がある。https://numan.tokyo/words/UZQJq
11　https://youngjapanesedic.com/ネ申/ より。

表26　新しい表記方法

新しい	本来	意味	特徴	初出
タヒ	死	死ぬ	漢字の構成要素を分解。2文字で1文字の漢字	2012
ネ申	神	神	漢字の構成要素を分解。2文字で1文字の漢字	2012
乙	おつ	お疲れ様	同じ読みである他の文字で表記	2016
まぢ	まじ	本気	同じ読みである他の文字で表記	2010
ゴミソ	ゴミン	ごめん	似た字を代用　ン ⇨ ソへ置換	2010

2　2010年代に使用確認された若者言葉

2021年7月現在、「現代用語の基礎知識」にはないが若者言葉と考えられる語[12]かつ2010年代に使用されてきたものについて、新しい語彙の特徴から7つのカテゴリーに分け、分析を行う。ただし、例が少なく自然談話からの収集であるため、精密な分析は今後の研究に譲る。

(1)「まる」の広がり

「現代用語の基礎知識」にある「まる」シリーズは次の5単語であった。

あざまる、おけまる、ガチしょんぼり沈殿丸、激クソネミスヤスヤ丸、まじるんるん御機嫌丸

このうち、「おけまる」については「オッケー」を「オケ」と省略した上で平仮名の「おけ」とし、句点「。」を「まる」と変換して組み合わせたものである。「まる」は句点ではなく、丸印「○」を由来とする説もあるようだ。

ではなぜ「まる」なのか。

「まる」は、句点である「。」を形として認識し、言葉にしたもので、実際に使用する際に文法的な機能は持っていない。つまり、言葉の飾りであり米川（1998：19）のいう「遊び」であると考えられる。

また、「あざまる」「おけまる」と「ガチしょんぼり沈殿丸」に使用されている「まる」は別のものではないか。「あざまる」「おけまる」の「まる」は句点「。」が由来である。一方で「ガチしょんぼり沈殿丸」や「激おこぷんぷん丸」の「丸」は「。」よりも「日本丸」や「坂東丸」のような船をイメージする。船の名前になぜ「丸」が使われるのかについては諸説あるようだが、人名・一人称代名詞の「まろ（麿・麻呂）」が「まる（丸）」となり、男の子や愛馬、刀など愛用道具に『〇〇丸』と名前をつけた慣習があったとされ、これが起源となっている可能性がある。この「愛称」との関係も考えられるが調査が必要であろう。今後、実施したい。

「激おこ」[13]については、元々はギャル語とされ、ツイッターなどのSNSを通じて拡散し、使用が広がった。筆者が２０１２年に調査した際、学生の仲間内で「激おこぷんぷん丸」を使用しているということで、使用すると答えた学生にフォローアップインタビューをしたところ、「激おこぷんぷん

12　筆者担当授業である「社会言語学概論」で調査した際、２０１２年の時点で「激おこぷんぷん丸」が、２０１４年には「ずっ友」「よっ友」という表現がすでに出てきていた。このように「現代用語の基礎知識」では把握・収録されていない若者言葉は他にも存在している可能性がある。
13　ネット上の情報を引用することに賛否あるが、ここでは書籍化されていない語彙を多数扱うため、Weblio 辞書（複数の辞書・用語集・各種データベースなどを統合して横断的に検索可能にしたオンライン辞書）も使用した。

丸」は「おこ」のレベルが上がっていく過程に出てくるということだった。その学生が示したレベルは

おこ
⇩ 激おこ
⇩ 激おこぷんぷん丸
⇩ ムカチャッカファイヤー

である。インタビューで学生は「実際には、さらに上のレベルもある」といっていた。これを裏付けるように、コトワカ[14]では

「おこ」（弱め）①
⇩「マジおこ」（普通）②
⇩「激おこプンプン丸」（強め）③
⇩「ムカ着火ファイヤー」（最上級）④
⇩「カム着火インフェルノォォォォオオウ」（爆発）⑤
⇩「激オコスティックファイナリティぷんぷんドリーム」（神次元）⑥
のように6段階に程度が増していきます。

とまとめている。ただし、2021年7月現在、「激おこプンプン丸」以上のレベルである語彙3つは、ほとんど聞かれなくなった。ちなみに前述の学生はレベルの変化を以下のようにイラストにした。

激おこぷんぷん丸レベルの変化

先行研究にはなかったが、2019年8月頃にはテレビなどでも「おけまる水産よいちょまる」ほか、様々なバリエーションで使用されている。

(2) 名詞化接辞「―み」の台頭

1990年代から2000年代後半にかけて、名詞化する接辞「―さ」が多用されていたが、この造語法は若者言葉だけでなく広く一般に普及し、定着したようである。一般的になると若者言葉としての魅力が失われてしまうため、当代の若者たちは新たな造語法を考案する。それが名詞化接辞、「―み」の台頭であろう。2010年代から現在にかけては次のような用法が見られる。

かわいみ、つらみ、バブみ、わかりみ

---

14 「ガチしょんぼり沈殿丸」とは?:意味と例文が3秒でわかる! https://kotowaka.com/young/gachishonborimaru/ より

この接辞「―み」の「現代用語の基礎知識」への収録は2015年からであり、現在も頻繁に使用されているものである。接辞「―み」は「イ形容詞」である「うまい」などを名詞化して「うまみ」とするものである。

個別に見ていこう。「かわいみ」は「かわいい」を、「つらみ」は「つらい」を名詞化していると分かるが、「バブみ」「わかりみ」は、一見しただけでは何のことかが分からない。詳しく解説すると、以下のようになる。

バブみ　＝　バブバブと赤ちゃんの様に甘えさせてくれそうな母性的要素。

例：「あの子にはバブみがある[15]」

わかりみ　＝　わかりやすさ。

例：この文のわかりみがすごい。

＝　この文章はわかりやすい。

収録されている語彙が4単語と少ないため、「名詞化するための新しい接辞として『―み』が使用されるようになった」が、これ以上の分析は困難である。

そこで「わかりみ」に絞って調べていると「わかりみが深い」「わかりみが強い」「わかりみしかない」といった様々な表現が見られた。

例：アンデラ公式ツイのふうこちゃん。わかりみが深いときに使えます。

（はむすけ。@hamusuke_koubou　2020年11月22日）

「近所の喫茶店で友達とダラダラ喋ってた。女の子の話とかしてた」
俺：わかりみが強い…
（ぺこや@mekyu_mekyu　2020年8月25日）

岸くんだけコメントの内容が圧倒的に深くてわかりみしかない
（りあ@2019_Lia　2019年3月6日）

このように「すごくよく分かる」「共感する」という意味で「わかりみが深い」という表現が使われていることが分かった。

この「わかりみ」は、動詞「わかる」の活用形に、本来はイ形容詞・ナ形容詞を名詞化する語尾である「み」を付けたものである。語尾「み」が付く従来の名詞を挙げると、「暖かみ」「ありがたみ」「おもしろみ」「臭み」などが挙げられる。

動詞の語幹に「み」がついた「わかりみ」は、文法からは逸脱していると言えるが、だからこそ若者言葉として好まれ、使用されているといえよう。

「わかりみ」と同じように作り出された表現として、Weblio辞書では「やばみ」「うれしみ」なども挙げられていた。

このような語が出てくる背景や理由として考えられるのが「可愛さ」ではないだろうか。特に女子高生を中心とした若者言葉の使用者は「面白さ」や「分かりやすさ」、「可愛さ」に言葉遊びの楽しみ

15　https://dic.nicovideo.jp/a/バブみ

を見出しているようである。また大人の使用する語彙とは異なるもので隠語のように自分達の言葉を持つことで同世代との繋がりを感じているのであろう。

これまで接続してきた語幹とは違う品詞のものに使用しているという共通点はあるものの、今後の使用範囲の拡大を確認し、再度、分析してみたい。

(3) 接尾辞「─たん」

接尾辞の「─たん」もインパクトがあるが、「かわたん」が2013年に収録されている。先行研究には

例：かわたん、きゃわたん

の2語のみだが、学生の使用調査では「つらたん」等も2015年頃から出ていた。「かわいい」を「きゃわいい」と変化させ、さらに「─たん」を付けた「きゃわたん」については「女子中高生ケータイ流行語大賞」なるもので解説がなされている。

女子中高生ケータイ流行語大賞「きゃわたん」[16]（2012）

「かわいい」という意味。「たん」に特に意味はなく、音のかわいさから使用されていると思われる。またやばいを意味する「やばたん」や、つらいを意味する「つらたん」など様々な言葉がある。

この説明に「『たん』に特に意味はない」という指摘がある通り、「かわいさ」を加えるためだけに

使用していると考えられる。しかし、本来は意味があったはずである。そこで「たん」のみを調べてみると幼児語としての「たん」とネット上の「たん」があった。

幼児語の「たん」は「(固有名詞) ちゃん」に相当する語である。

例：ノンタン、[17] うーたん[18]

一方、ネット上の「たん」は pixiv 百科事典[19]によると

現代では主に二次元の美少女キャラに愛称・敬称として付けられる接尾語である。何故か特定のキャラクターに集中的に付けられる傾向がある。[20]

という。幼児語にしてもネット上の愛称にしても、どちらも「可愛い」ことを表していると考えられる。2021年7月現在、この「たん」は

16 「女子中高生ケータイ流行語大賞2012『てへぺろ』が金賞」記事より。
17 ノンタンあそぼうよ（全22巻）絵本の主人公の子猫。
18 NHK「いないいないばあっ！」のキャラクター。元気でやんちゃな赤ちゃん。（番組HPより）
19 ピクシブ百科事典は「アニメやマンガ、ゲームからデザイン・アートまであるゆる言葉・現象・文化・作品を解説するみんなでつくる百科事典」であり、ウィキペディア（Wikipedia）のように不特定多数の人々が編集するもの。このような資料については賛否両論あるが、ここでは「いち意見」として掲載している。
20 なお「たん」に関連して「たそ」は「以前から用いられていた『○○たん』という敬称が【たん→タン→タソ→たそ】と変化」したものだという。

例：今日はお父たんに、立つ姿を見せられて、ご満悦のちゃづけちゃん[21]。

例：兼近は「〝じゅったん〟と〝かねちー〟、ここ仲いいのよ」と笑顔で話し、愛称で呼び合う仲であることをアピール[22]。

と使用されているように一般的に使用される愛称として定着しているようである。

3 よく使われるフレーズ

2010年代に出てきた若者言葉の中でも、いくつかの新出フレーズについて、特によく耳にするもの、特徴的なものなどを取り上げる。

(1) それな[23]

現代用語の基礎知識には「それだよな。そうなんですね。そうそう、同意しますの意」という解説があるが、「そうなんですね」と相手の意見などを尊重する、というよりは、使用者がより主体的に「そうだ」と思う時に使用しているようである。テレビドラマ「家族のLINEがしんどいw[24]」の中でSNSのLINEで

例　父：今日、何か買ってくものある？

姉：アイス！

母：アイス
息子：それな

というように使用され、やりとりが成り立っている。また、「それ Snow Man にやらせて下さい」という番組の宣伝では

例：やってる！やっちゃってる！思わず「それなー」と納得しちゃう「それなー動画」を撮影してもらったよ。[25]

という使われ方をしていた。今後、より自然な談話での使用例を収集し、分析してみたい。

(2) どうでもよ

収録されている意味には「どうでもいいよ」とあるが、これは単なる「短縮」ではなく、むしろ「どうでも良い」が「いい」ではなく「よい」とされ、「い」を略したと考えられる。

---

21 twitter: 東武動物公園【公式】リュウくん。
22 https://thetv.jp/news/detail/1021079/
23 石原ほか（2020）や卒業論文で実際の使用について研究したものがある。
24 【LINEドラマ】家族の LINE がしんどいｗ×「魔法の絨毯」川崎鷹也より。
25 【#46 予告】『それ Snow Man にやらせて下さい』それスノ学園。

例[26]Ａ：ORANGE RANGE の。廃墟でＰＶ撮ってるんだよ、あれ。
Ｂ：どうでもよ～　どうでもよ～

例Ｃ：最後に今日の感想、お願いします。
Ｄ：どうでもよ～　（＝どうでもいいわ：投げやりな様子）

使用例が限られているため、より正確に分析するには自然談話の収集が必要である。[27]

⑶　よき／よきよき

２０１９年に入ってから大学生の会話や LINE などのＳＮＳでよく耳にする・目にするようになったものとして、「よき」や「よきよき」がある。これは「良い」という意味で使用されているが、単なる「良い」ではなく古語表現の「良き」とすることで、古いものがカッコイイという現代の風潮に乗っているのではないかと考えられる。これは次の⑸のネオ渋谷系漫才師 EXIT にも共通するものである。

「よき」についてはOggi[28]の記事に

２０１６年頃から、主に若い女性たちの間で流行し始め、（略）この言葉の由来はなんと古語。「素晴らしい」「良かった」という意味の古語「よきかな」（善哉）を省略して「よき」が生まれました。

とある。このように、若者の間では使用が広がっていると考えられる。また、「よき」が「よきよき」

と重語[29]のように使用するバリエーションも存在する。

⑷　漫画的表現

これまでは漫画、特に少女漫画において、恋愛の「ドキドキする場面やシチュエーション」が絵で表現されてきた。この絵が語彙化され、漫画で使用されるようになった。それらの表現が、実際に現実世界でも使用されるようになったと考えられる。

例：壁ドン、てへぺろ、アゴクイ、頭ポンポン、髪クシャ

驚いた時に「目が点」になるという表現も漫画由来であるということからも、漫画的表現が一般的な日本語として定着していく可能性はあるだろう。今後、ここに挙げた語彙がどこまで定着するのか、そもそも若者言葉なのかも含め、今後も観察・検討したい。

26　日本テレビ「月曜から夜更かし」２０１６年６月27日放送回より。
27　この用法だけでなく第５章で取り上げた例については実際の自然談話録音資料を収集し、用例を多数あげる必要がある。
28　https://oggi.jp/6330530
29　精選版 日本国語大辞典では「重語」を「① 同じ音を反復してできた語。『ざらざら』『すがすがしい』『滔々（とうとう）』などの類。② 同じことを繰り返し言うこと。重言（じゅうげん）」と解説している。

表 27　EXIT の漫才に見られる語彙

語彙	意味	備考
お後がヒュイゴー	お後がよろしいようで	ネタの締めゼリフ。　派生：CHECK Here we go
やば谷園の ムーリー春雨	非常にやばい	やば谷園＝やばい，ムーリー＝無理，非常に。「永谷園の麻婆春雨」のもじり。 派生：すご谷園のヤーバー春雨
マジ令和	令和っぽい	新しい文化や物、感性などに使用。マジ卍応用
せんきゅす	ありがとう，感謝	サンキューのもじり。
○○しナイトプール	○○しないと ○○しよう	ーしようと呼びかける。「見るしかナイトプール」 派生：ナイチンゲールダンシングトゥーザナイト
○○ forever	ずっと，永遠に	ノリで語尾につける 派生：よろたの forever
ァザマルコポーロ	ありがとう	語尾につける。 派生：ありが東方見聞録
○○スギ薬局	○○しすぎ	程度，レベルが高い。「こわスギ薬局」 派生：やばスギ薬局セロトニン
的なテキーラ	○○的な	ノリで語尾につける。
バイブスいと上がりけり	気分が超アガる	バイブス＝気分，いと＝とても 「けり」で古語っぽくなる
やんごとなさすぎて お隠れになる	素晴らしい 褒めの最上級	やんごとない＝尊い、お隠れになる＝亡くなる ⇨ 尊すぎて死ぬ。褒め称える最上級語彙。
控えめにいって いとをかし	超おもしろい	いとをかし＝とてもおもむきがある，面白い。 控えめにいっても面白い＝超面白い
いちきた	一旦帰宅する	一時帰宅（いちじきたく）の短縮。
よろたの	宜しく頼む	「よろしく頼みます」の略。
397	ありがとう	39（サンキュー）7（な）
目からカシオレ	感動した様子	涙が出ている様子。目からカシスオレンジ。 派生：目からテキーラ
最＆高 DJ KOO	凄く最高	最＆高（さいあんどこう）＋ 韻を踏んだ DJ KOO を付け足すことでイマドキ感をプラスする。

(5) EXITに見る「斬新さ」

２０１０年代の若者言葉の流行について、２０１７年12月に結成され、ネオ渋谷系チャラ男のキャラクターで活躍している漫才コンビ「EXIT」の使用する語彙が豊富かつライブ感があるため、本節で取り上げた。

彼らの漫才に見られる語彙を以下、表27にまとめる。ただし、詳細な分析は今後の研究課題とする。EXITの使用する語彙は、若者言葉に欠かせない「短縮」だけでなく、「もじり」や「語尾」にも遊びがある。また、より特徴的な感覚として「古語」の使用による面白さがあり、それが若者にウケているのであろう。前出の「よき」同様、古き良き古語を懐古する、という風潮があるようだ。

4　その他の表現

本節では、いくつかの語彙表現を取り上げ、特徴を記す。

(1) (固有名詞)△

これは「(固有名詞、特に人名)さん、かっけー」と読む。実際に使用する際は、「山田△」といった書き方をする。敬称である「さん」と「かっこいい」の2つの要素を「△」で表している。記号で表すという点では、より暗号化されており他の世代には伝わりにくく、仲間内での使用に適している。なお、「山田さんかっけー」と読むが特徴が出づらいため、表記における遊びであると考えられる。これは単に表現というよりも指標的要素もあるため、その面白さと語構成は音声では表現しづらく、表記があって初めて成り立つと言えよう。

(2) 「ずっ友」「よっ友」

「現代用語の基礎知識」では2018年初出としているが、学生に調査した際には、遅くとも2016年から使用が認められた。より早い段階で使用されていたとも考えられる。一説によると、2012年5月ツイッター投稿「走れメロス」のギャル語訳に「ずっ友」があり、流行したという。表現を抜粋すると、

「走れメロス」ギャル語訳

ゴメン[30]……まにあわなかった……

でも……メロスとセリヌンゎ……ズッ友だょ……!!

「女子中高生ケータイ流行語大賞」で11位にランクインしたとするブログもあるが「女子中高生ケータイ流行語大賞」そのものは2012年に終了しており、また賞を発表していたP-NESTのホームページが削除されており、定かではない。

一方、「よっ友」についてはWeblio辞書に

街中などで遭遇したら「よっ」と軽く挨拶を交わすが、それ以上の付き合いはない、という程度の友だち関係を指す俗な言い方。

とあるように、2010年代の大学生に見られる人間関係を示していると言えよう。

(3)　まじ卍

「現代用語の基礎知識」には「卍」のみ収録されていた。調査を実施していないため、はっきりとは言えないが、「まじ卍」と言うフレーズで使用されることが多いようである。２０２１年の流行語となっている。

(4)　バズる

英語の"Buzz"が語源とされており、「ハチがぶんぶんと飛び回る音」「ひとつの場所に集まって噂話でざわざわする」という元の意味から変化し、「ＳＮＳなどで爆発的に拡散する」という意味で、２０１８年頃から使用されていた。ＳＮＳや YouTube など、現代の若者が使用するツールでの現象に用いられている。

(5)　尊い（意味変化）

本来の意味は「価値が高い、貴重だ」「身分が高い、敬うべきだ」というものであるが、若者、特にオタクのグループでは、異なった意味であるという。pixiv 百科事典には

２０１４年前後になって使われることが増えてきている（と思われる）用語。

出所は不明。（略）「マジ素晴らしい」「ほぼ完璧」「最高すぎる」という意味である。

30　カタカナをわざと小さく表記したり、助詞の「は」を「わ」と記すのも意図的である。

と、まとめられている。ただし、２０２１年現在、「尊い」が「素晴らしい」「最高すぎる」という意味に変化し、オタクだけに留まらず様々な年代の人々にも使用されるようになっている。

５　２０１０年代の若者言葉の特徴

本章で取り上げた２０１０年代の若者言葉の特徴は、以下のようにまとめられる。

- ＳＮＳなどの環境による変化によって生まれた語彙が増加した。
- 女子大生・女子高生発信だけでなく、オタクも市民権を得た。

例：ぐうかわ、ネ申、尊い

- 古語の多用：以前は方言の良さが見直され多用されていた時期があったように、２０１０年代は、より面白い・粋な表現をするために古語に焦点を当てた。

６　「現代用語の基礎知識」収録語彙の収集法に見られる問題点

これまで２０１０年代に出てきた新しい語彙や表現について分析してきたが、「現代用語の基礎知識」に収録されている語彙については、【収集した時期／収集した方法／収集対象となった人々の属性】などが全て不明である。そのため、より正確な若者言葉を収集するには、やはり自然談話録音資料を全国的に集め、文字化する必要があるだろう。

また「現代用語の基礎知識」に初出が2019年とあるが、もっと前から使用されていたと考えられる語彙が散見されたことからも、より正確な収集のためには方法を再度検討する必要がある。1、2年の誤差であれば許容範囲と言えるだろうが、3～4年のギャップがある場合、それはもはや「初出」ではなく、若者に広く普及した後で、「他の世代に認知された年」ということになってしまう。若者言葉発祥で、その後定着する語彙もあるが、流行を掴みそれを反映させるためにも、より「生きた『若者言葉』」を対象として「現代用語の基礎知識」に掲載・収録していくべきであると考える。

7　若者言葉の普遍性

本節では若者言葉にどのような「普遍性」を持つ可能性があるのか検討し、考察する。

(1)　日本語における若者言葉の普遍性

本研究では1990年代後半から2000年代と2010年代の若者言葉を見てきた。直近の20数年の通時的考察を行い、「若者言葉の普遍性」について検討する。

品詞ごとにそれぞれ個別の特徴があるが、「普遍性」としては「語彙の拡大」と「意味変化」が挙げられる。

(2)　語彙の拡大

若者言葉は省略や倒置、外来語からの派生などにより、語彙を拡大している。また、動詞化「―る」、名詞化「—さ」、名詞化「—み」などの接尾辞を形態素として語彙に付加し、従来の語彙を新しいものへ変化させる。また、語彙と語彙の結合により複合的な品詞を造り出すだけでなく付加できる品詞の種類の拡大も見られる。

(3) 意味変化

元々の単語、従来の意味とは異なる使い方は見られるが、「普遍性」と言えるような特徴までは見つけられていないため、今後も研究を進めていきたい。

語彙の拡大や意味変化については、以上のような特徴があると言えよう。過去20数年のデータを見ても、若者言葉は品詞別の「ルール」に則って拡大・使用されている。それらの語彙の中ではもちろん、廃れたもの、死語となったものも多く含まれるが「造語法」そのものは脈々と受け継がれている。10年をひと区切りとした場合、各時代の特徴がある。例えば2000年代は「方言」が「かわいい」とされ、その影響が語彙の多様化に反映されている。過去20年の若者言葉に共通していたとはいえ、今後どのような変化が起こるかは不明のため、より長いスパンでの追跡研究が必要だと考える。

8 今後の課題

2010年代の若者言葉は文献資料などを参考にしており、自然談話録音資料を元に分析した1990年代後半から2000年代のものと比べるのは難しい点もある。資料が自然談話ではなかっためため、言語学的に分析を進めたくとも語彙例が少な過ぎた上、コンテクストも不明であった。今後はより自然談話を収集して詳細な分析ができるよう努めたい。

補遺　若者言葉の文法化

言語変化に関する認識はルールの存在よりも「乱れ」として捉えられやすい。[1] しかし、若者言葉について一見、無秩序なようで実はルールがあることが分かった。では、若者言葉は文法的な変化を経て、内容語や機能語からその他の機能語へと変化、つまり「文法化」[2]しているのか。博士論文で取り上げた、「若者言葉の文法化」の一部を紹介する。

ここでいう「文法化」とは言語変化の一つである。それ自体の語彙的意味をもつ語または句である内容語が、従来使われてきた意味を喪失し、文法を表す語や接辞といった、機能語としての性格をも

1　2000年代、日本語がブームとなり、「若者言葉」に関する言語学的研究も盛んになった。2004年に国立国語研究所が実施した調査では、言語一般について「乱れている」と感じる人が多いとの結果が出ている。

2　再分析：文法規則が統語的・語用論的・音声学的に変わること。ある表現が既存知識に基づいて、古いものから新しいものへ変化する。言語構造の再分析が行われることで言語変化が生じると考えられる。
類推：再分析によって変わった文法規則が言語一般に広まる現象。例として"full"から"-ful"への変化が挙げられる。例：a basket full of apples ⇩ a cupful of tea ⇩ hopeful

表 28　若者言葉の文法化特徴（まとめ）

		—っぽい	—くさい	—っていうか	—げ
変化	脱範疇化	動詞など 他の品詞へ拡大	動詞など 他の品詞へ拡大	語彙の転換 ⇨ 文単位の転換 “turn-taking”	「−そう」 ⇨ 「—げ」に置換
	意味	しやすい／傾向 ⇨ 主観的判断	「マイナス評価」 の漂白	言い換え ⇨ 話題転換 話者交代：漂白	その様である （一般的） ⇨ 主観的判断
	機能	機能語 ⇨ 機能語			
		様子を表す ⇨ 伝聞・推定	形容詞派生接尾辞 ⇨ 助動詞	複合助詞 ⇨ 交代・転換	ナ形容詞派生 ⇨ 助動詞化
文法化判定		⇨ 文法化とまでは言えない。 **文法化未完了**	⇨ 文法化とまでは言えない。 **文法化の未完了**	**文法化**	語基を含めた変化 ⇨ 文法化とまでは言えない。 **文法化の未完了**

つものに変わることをいう。

(1)　**若者言葉にあるとされる「文法化」**

若者言葉に見られる「文法化」に関して、全体を概観した研究はほとんどない。そこで博士論文では先行研究で「文法化：—っぽい、—くさい、っていうか、—げ」および「類推：—的、—さ」について分析した。結果をまとめたのが、表28である。

「文法化」における特徴として特筆すべきは、「機能語 ⇩ 機能語」の変化である。本研究では「機能語」から「機能語」であっても、その内容が異なるものであれば「文法化」と規定する事とした。本節で取り上げた例からも「脱範疇化」と「機能」については顕著であるが、「意味の漂白」については完全な「漂白」とまでは言い切れないものもある。今後、「文法化の未完了」である変化が本当に「文法化」するのか、経過を観察する。

(2)「―的」の類推

新しい用法と考えられる「―的が自然談話に出てきていた。次の例を見てみよう。

例86：何でなん?って。私的にはこれから盛り上がって行く予定やったのに、

例87：○○ちゃん的には、話し合って？　いきたいねんけど、周りの先生は、もう、

新しい用法「―的」は名詞かつ「和語」にも接続可能という点で従来のものと異なる。早瀬ほか(2005：122)によると、「スキーマの定着度が高くなると、類似のパターンをさらにたやすく作り出せるようになるが、そこでスキーマの再分析が行われ(略)制約がゆるめられ、新たな表現の可能性が生まれてくる」という。そこで、「―的」について検討した。

まず、「漢語」に「的」を付ける用法が拡がり、スキーマとして定着度が高くなった。蓄積された表現の中で「私的(してき)」と「私的(わたしてき)」が両方とも存在した。両者は異なった意味と用法によって使用されるようになり、「呼称＋的」という用法が広がる。ここからスキーマが再分析され、制約がゆるめられたと考えられる。つまり、「呼称」だけでなく「和語」にも使用が可能となった。

この「私的」から「自分的」「俺的」「わし的」といった、1人称の他のバリエーションも生まれ、拡張を続けていることが確認された。一人称の拡張はさらに進み、2013年6月[3]には2人称複数で

3　2013年6月20日～27日に宇都宮大学で65名に実施した、「―っぽい」、「―的」、「―くさい」の使用に関するアンケート結果による。

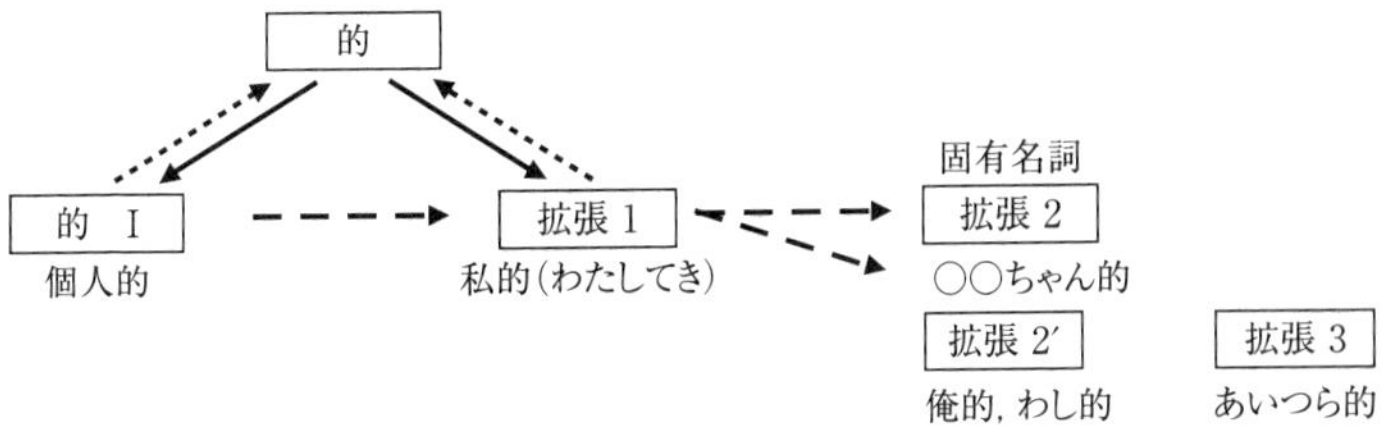

図8 「人 + 的」のスキーマ

ある「あいつら的」といった複数にまで使用されるようになった。以上のように「的」は類推により使用範囲を拡大し、意味変化も起こっていることが分かった。

(3) 今後の課題

今後、言語類型論的な視点も含めて、世界の言語にどのような文法変化のパターンがあるのかを明らかにしたい。「文法化」「文法化の過程にある」接辞や語彙だけでなく新しい語彙が生まれ、変化していく過程について、今後も追い続ける。

おわりに

本書は、これまでに発表した博士論文や投稿論文を中心に、若者言葉がルールに則って変化していることを証明したものである。特に、２０１０年代の若者言葉は若者に接する機会の多い筆者にとっても初めて聞くものや違和感のあるものが多く、やはり仲間内で楽しくコミュニケーションをとるためのツールであることに気づかされた。

若者言葉の研究に興味を持ったきっかけは、大学生の時に、自分自身のまわりで使われ始めた「告る」などの「新しい言葉」について疑問を持ったことだった。「最近の若い者は日本語がなっていない」という年配の方々やマスコミに疑問を持ち、若者言葉のメカニズムを知りたいと考え、「動詞化接辞『―る』」を卒論のテーマに選んだ。あれから20年。若者の新しい表現を追いかけ続け、当時の若者は若者ではなくなり、「新しい言葉」はメディアを通して知るようになる。つまり「生産者」から「傍観者」へと立場は変化した。

本書で見てきた通り、日本語は変化し続けており、今後も変わり続けるだろう。その中でも、若者言葉がどのような要因によって、どのように作られ、どの程度残るのかは分からない。しかし、新造語はランダムに作られているようでいて、その実、ある法則に則っていることが分かった。つまり、今後の若者言葉の可能性として、これまでと同様に新しい語彙が生まれること、その新しい語彙や用法は一定のルールに沿っていることが予測できる。

そして、これからも日々若者言葉は生まれ続け、消えていくのだろう。言語学入門で「言葉は生きている」と学んだ、まさにその「生きている証拠」について研究を続けてこられたのも、若者言葉が面白く、魅力的だったからである。

本研究を通じて、言語学の基礎から「文法化」まで様々なことを学び、考えることができた。今後も、新しい表現や用法について研究を続け、ライフワークにしていきたい。そして、「新しい言葉」や「面白い響き」というものを楽しんでいる若者達のエネルギー溢れる活動を見守っていきたいと思う。

謝辞

本書は宇都宮大学学術図書出版支援制度事業の支援を受け、出版することができました。大学および多くの方々に大変お世話になりました。この場を借りて厚く御礼申し上げます。

また、修士課程から長年に渡り御指導くださった九州大学名誉教授の板橋義三先生に心から感謝申し上げます。博士号取得だけでなく、北海道や宇都宮と所属が変わってからも何かと御相談にうかがい、迷いや悩みも聞いていただいて、人生で進むべき道を示していただきました。板橋先生がいらっしゃったからこそ今の自分があります。九州大学名誉教授の松村瑞子先生にも言語学の楽しさを教えていただきました。言語学の基礎的な知識を楽しく学べた授業は今でも心に残っています。そして岩宮眞一郎先生に鋭いご指摘をいただき、優しく御指導いただきました。博士号取得の際にお世話になった先生方に深謝いたします。同志社女子大学名誉教授の本間洋一先生には調査等で大変お世話になりました。九州大学大学院への進学を勧めてくださったこと、心から御礼申し上げます。北見工業大学では高橋修平名誉教授に各所で助けていただきました。宇都宮に赴任してからは、海外ものづくり研修や国際交流活動など、工学部での活動を温かく見守り、全力でご支援くださった横田和隆理事に重ねて感謝申し上げます。

若者言葉の収集に際しては自然談話録音でしたのでたくさんの友人に協力していただきました。石松智賀子さん、橋本飛鳥さん、熊代絵里さん、堀尾亜以さんほか、皆様のおかげで生きたデータを収集することができました。アンケート調査や自然談話録音調査に御協力頂いた九州大学および同志社女子大学、東京女子大学の学生の皆様にも御礼申し上げます。本当にありがとうございました。

本書を刊行するために何年も御尽力いただいた、九州大学出版会の永山俊二氏にも厚く御礼申し上げます。無理難題にも迅速に対応してくださった上に、細やかな御配慮で本書を刊行できるよう支えていただきました。小さい頃に抱いた「自分の本を出版する」という夢を叶えることができ、感謝の気持ちでいっぱいです。

本書のかわいらしい「激おこぷんぷん丸」のイラストは岩舘沙紀さんが描いてくれました。華を添えてくれたことに感謝します。

最後になりましたが、家族の支えなくして、この本も今現在の私も存在しません。とても長い学生生活を支えてくれた両親、そして励まし続けてくれた妹に、この本を捧げたいと思います。また、いつも私の傍で笑顔を絶やさず、仕事を理解して精神的に支えてくれた夫である Asyraf Bin Su Azmi と可愛い仕草で癒してくれた娘の Alia や息子の Ali にも感謝を伝えたいと思います。このようにたくさんの方々に支えられ、励まして頂いて、この本を完成させることができました。

学問的探究心を持ち続け、今後も様々な変化を解明していきたいと思います。そして、いつまでも感謝の気持ちを忘れずに、邁進して参ります。この本に関わってくださった皆様方、手に取ってくださった方々にも感謝申し上げます。本当にありがとうございました。

2022年3月吉日

堀尾佳以

C：あー，もう宿付き？ずーっと
E：そう，だからホテルに泊まって，で，週末とかだけ帰りたい人は帰るの

234
K：最初は頻繁に帰るんやないん？
E：うん，そう，私もう，まじ通いたいくらいだもんね（笑）始発で行って最終 // で帰る
K：　　　　　　　　　　　　　　　　　　　　　　　　　　　　　　// 分かる，その気持ちは分かる
E：いや，今がさ，18とか19だったら，そこまでないと思うけど，でも，もうほら，分かるじゃん，自分の生活の態度とか基盤とかがどこか，っていうのが。だから，今から東京に行っても，そこで新しい基盤を作れないっていうのも分かってるから，うん。一生住むところじゃない，っていうのはもう分かってる // うん
T：　　　　　　　　　　　　　　　　　　　　　　　　　　　　　// あ，そうですね。それはそうかもしれない
E：だからむしろ，こっちに帰って来ても，何かできるような，それを修行してこよう，ぐらいの
R：じゃあ，早くイムズ※買わないと

※福岡市天神地区のファッションビル。巨大な吹き抜け空間があった。2021年8月末で閉館。

235
E：いやあ，なんか，学校を作りたいって言ってて，
C：○○学園（笑）
E：で，デザインとしてはイムズみたいな，筒状がいいわけ。
K：あーあーあー
E：中央があいてて，周りにこう，学校が，クラスが，教室がある，みたいな。イムズは狭い！
T：狭い // っすか
K：　　// おー，狭いときたか
T：ちなみに地名は // どこがいいんすか？
E：　　　　　　　// ○○学園なんてそんなセンスのない名前はつけない（笑）

236
I：あの，あれ？　アクロス※レベル？

※アクロス福岡。福岡市天神地区のオフィス・商業施設

E：っていうかね，イムズぐらいのを，3つぐらい建てて，（笑）間をこう，つなぐような，あれがいい
M：三角形？
E：でもそれを最近地元の友達に言ったら，なんか，テロで狙われるよとかって

C：そんな消極的な……
E：あとねー，ほら，中野とかね，結構みんな住むでしょー，結構住宅地だから，馴染みたくないの

229
E：馴染めないと思うもん，だって。
C：えー，でもわかんないよ，この年くらい経ったらなんか
H：移住してこないー？とか
E：移住っていうか……

230
K：ってなんか，余裕ないよね，みんな
E：そうそうそう，// 速い，歩くのが，めっちゃ
K：　　　　　　　// ね，速い。だから，疲れる。だから，そこに実家とかあれば，// いいけど
E：// 違うよね
K：全然基盤がなくて行ってもね……
C：神戸とか住みたいなー
S：住みたーい
C：神戸とか良さそう。なんか，友達のところにずっとおったけど，
T：○○※がね，すっごい自慢するんすよ。食べるもん，食べるもん，全部うまい，とか言って

※○○＝人の名前

S：友達言うよね，
T：いいっすか？いい？いいな，行ってみたいな

231
E：大阪と東京だったらどっち？
C, K：東京（2人同時）
S：○○くんに，// なんか……
E：　　　　　// そうそう，私，大阪向きの女だ，とか言われたー（笑）

232
C：日本だったら，私もう，福岡か，福岡以外だったら東京かなー，と思う
T：あー，そうなんすか，やっぱり
C：うーん，だって，一番ね，福岡に帰ってくるの便 // 利
K：　　　　　　　　　　　　　　　　　　// そうねー
C：便数も多いし安いし……

233
E：来た時はホテルに住まわないと，って，そこから通って，
H：あー，福岡？
E：2ヵ月のプロジェクトとか有るらしいから，
S：あー，そんなんあるんだ。その時は連絡して
E：うん，こないだ会った時は，会社の人に会った時は，そこ，キャナル※の

※キャナル＝キャナルシティ博多。博多区のショッピングモール

S：ひろし？
E：え，◯◯君，改名したのかな，とか思ってさ（笑）

223
E：勘違いかもしれないけど，◯◯君って，別の名前があるとかって言ってなかった？　聞いたことない？
M：ないない

224
K：会社まで５分
C：ここがいいとか地区まで決めとったやろ
K：そうそう，地区まで決めて

225
C：じゃあ，じゃあ，私が違う車乗って……
E：追突するんじゃないの？
C：いや，っていうか，ちゃんと安全運転するから，走るから，それで // 見極めて
K：// 安全運転？

226
C：東京がいいよ
K：東京はいい
E：えー，でもお金 // たまらない……
M：// 東京やだな
C：（笑）なんでー
E：いやいや，私は寂しいから，東京にしてって // 言ったの
S：// でも◯◯ちゃんさー，なんかさー，東京には馴染みたくないとか // 言って
E：// 馴染みたくない
I：俺も馴染みたくない，もし行ったとしたら
K：◯◯ちゃん馴染みたくないの？
E：馴染みたくない
K：なんかすぐ馴染み // そうな
E：// 私羽田空港から近い所に住みたい（笑）住むよ，まじで。仕事終わって最終に間に合う，くらいの

227
E：だってさー，あのー，モノレールが出てる浜松町までは，タクシー飛ばせば 10 分くらいでしょ。10 分，混んでても 15 分とかで
K：じゃあ，六本松※まで５分，で，羽田 // くう……
※福岡市中央区の地名
E：// 六本松？（笑）

228
E：どこに遠いんですかって言われちゃった（笑）へっ，会社にも遠くないですか？って

I：　　　　　　　　　　　　　　　　//そうそうそう

217
T：結構みんな，皆さん親しい人……//
C：　　　　　　　　　　　　//っていうか，//修士部屋行ったら
E：　　　　　　　　　　　　　　　　　　//修士部屋の主みたいな
C：そう，修士部屋行ったら絶対覚える，//みたいな
S：　　　　　　　　　　　　　　//えっ，会ったことあるよ，絶対

218
C：でもすごいよー，//すごい
E：　　　　　　//ゴッドファーザーみたいな
K：どんな人や？

219
E：○○さんにも言われた。
K：貼り紙？
E：□□君に聞いても分からないかもしれないんだけどね，みたいな//感じで，
C：　　　　　　　　　　　　　　　　　　　　　　　　//あー，知って
る？って
E：知ってる？みたいなか//んじで
T：　　　　　　　　//え，何の張り紙っすか？
C：結構問題になってるんだよーって

220
E：きっちり貼っつけた人は不明
K：あー，そうか，そんな//んあったねえ。
E：　　　　　　　　//でしょ
M：一番最初にやったのは，ねえ，(1.0)
E：一番最初にやったのは，よく//わかる……
C：　　　　　　　　　　　//っていうかね，今日大学院掛りに行ってさあ，あの，ほら，
E：違う違う違う，あの，確認するやつあるやん，あのー，//住所とか，ねえ，名簿の
K：　　　　　　　　　　　　　　　　　　　　　　//そうね

221
E：学位授与書に書かれる名前とか住所とかを，確認して//って
K：　　　　　　　　　　　　　　　　　　　　　//え，今日からじゃない？
それって
S：あ，本当？

222
E：ほら，名簿があるの知ってる？　今，大学院掛りに。で、私それ確認してたのよ，自分の名前と。で，○○君って，私の1こ前だから，隣なんだけど，空欄なってて，鉛筆で「○○ひろし」って書いてあった（笑）

T：　　　　　　　　　　　　// （笑）
K：落ちて，落ちて無事なんかね？

212
E：なんか，新手のショーかなって，思うよね
K：あー，7人とか乗るんだー。
E：そう，それ乗りたかったんだけどね，
K：一番後ろとかそうなん？
S：え？
E：なんか，こう，なってるんだよね。
T：何でできてるんですか？ // バナナの
E：　　　　　　　　　　　// えっ，普通のゴムボートなんだけど，形がバナナみたいに黄色くて，長いの
T：はー

213
I：俺ともう1人しかおらんくて，狭いけん，逆に言える，みたいな
S：色々私も言われたけど，でも，別に，うちの先生はね……，なんか，これからですよ，みたいな感じで（笑）これから書きはじめます，// とか言って（笑）
K：　　　　　　　　　　　　　　　　　　　　　　　　// いい先生だね（笑）
S：患者の権利オンブズマンっていう，
I：患者の？
S：権利オンブズマンっていう、福岡になんかその、患者の権利を促進する立場で，色んな医療相談とか，受けてるNPOの組織があって，
E：NPO
K：へー，NPO研究？
S：うん，そこでの活動と，あと，患者の権利運動の歴史みたいなのをしてる

214
H：○○先生って誰？
S：あのねー，ニュースステーション※とかによく出てた // 原子力の第1人者なんだって
I：　　　　// 原子力の時に
M：へー，// そういう，
S：　　// 有名ですって言った // 入学式の時に
I：　　　　　　　　　　// そうそうそう，
S：私は有名で // すからリアルタイムに歴史作ってます，とか言って
H：　　　　// いや，すごーいねー。

※ニュースステーション＝テレビ朝日系列で1985年10月7日から2004年3月26日まで放送されていた。

215
S：でもね，なんか違う。なんか，それが逆にキャラクター的に許される // から，
K：　　　　　　　　　　　　　　　　　　　　　　　　　　　// へー

216
S：○○先生入ってるよね，弱者の権利とか // 言ってた

T：　　　　　　　　　　　　　　　　　　　　//リアリティっすよね，やっぱねえ
E：躍動感溢れる論文にしようと思ったのに，みたいな（笑）
T：いや，それは多分大丈夫だと思います。//大丈夫，大丈夫
K：　　　　　　　　　　　　　　　　　　//フィリピンは行かなかった//ら……タイは？
E：　　　　　　　　　　　　　　　　　　　　　　　　　　　　//いや，行かなかったらフィリピン，なんだから，題は
K：タイじゃなかった？
E：タイじゃない。それをフィリピンに一本に絞ったの。2ヵ国だと無理だから。
C：○○先生には，あー，しつこく言われてたしね。//何で比較するの？って
E：　　　　　　　　　　　　　　　　　　　　　　　//あーそうそう！　比較する意味がない，とかって。なんだよてめーとかって（笑）思いながら。今だから言えるけどさー，なんか笑顔を保ちながらもね，そうですねー，とか//言いながら
T：　　　　　　　　　　　　　　　　　　　　　　　　　　//あー，気まずいですね，○○先生とかに
M：あー，彼がね，一番言うよ

210
E：だってねー，その人は，その人っていうか○○先生はー（笑）
I：○○君の悪口//（笑）
C：　　　　　　//そう！　あ，そう！　あ，そうだ
K：うそー（笑い）
E：○○君は，アメリカ一本だから，アメリカ一筋だからさいいけどさー，私は東南アジアなんだよ，とかって思って（笑）まあ，その後の指導教官から，まあ，一本でいいんじゃないの，って言われて，
T：それ誰っすか？
E：□□先生

211
T：セブ島？　何しに行くんすか？
E：うーん，ちょっと（笑）
C：ちょっとバカンスに（笑）
E：そうそうそう，まあ，息抜きとかね//ある意味
T：　　　　　　　　　　　　　　　　//へー，美しくなるために行ってくるんすか？
E：いいやあ、それは，遊ぶため？（笑）そうそう、バナナボートが面白いらしいんだよ，セブ島の，
//友達情報によると，バナナボートに
K：//えっ，バナナ？葉っぱ？
C：乗ったことある。//落ちた（笑）
K：　　　　　　　　//ほんと？（笑）
E：あれを落ちる人なんているの？
C：なんかね，あれ私がいけなかったらしいんだけど，あれね，7人くらいで乗ったんだけど，落ちた……
T：（笑）
C：なんかね，なんか，こんな//（笑）ことやりながらね

E：グリーンとかいいんやないん？
I：え，でもグリーン1回したけんね。
H：そっか
C：1回したのは駄目なんだ？
M：ブルーは？ブルー
T：いや，でも◯◯さん，緑にも色々あるからいいじゃないですか。
I：あー，ほんと //……
E：　　　　　　　// メッシュにしたら？
I：あー，メッシュねえ
S：ピンクと緑混合とか（笑）
E：なんか昔のロックバンドみたいな

207
H：指導教官にまで駄目出しってどういうことなん？
E：あー，なんかね，メールで，
I：行けないって //……
E：　　　　　　　// 先月は行けなかったやん？　それは報告済みで，今月28日にトライ，再トライする予定ですって言ってて，でも，ほら，攻撃※で，危険度が上がったから，外務省関連の，だからやばいかもしれないですねってメールしてたら，よっぽどフィリピンに縁がないんですね，とか言われて（笑）

※2001年のアメリカの9.11テロのこと。

208
E：今まで結構ねー，去年行けなかった時もー，大丈夫なのにー，とかってすごい言ってた人だから……だから深刻なの。
C：あれね，フィリピンと，マレーシアと // ねー，
K：　　　　　　　　　　　　　　　　// マレーシアも出た?! あっ
E：フィリピンとマレーシアとインドネシアは，次のターゲットだから，アメリカの，ニューヨークタイムズで言ってた。
M：アメリカの攻撃するターゲット……
K：アメリカが？何で？
E：そこにね // いるんだよね
C：　　　　// いるのよ，
M：絶対どこでもいるよね。日本にもいる // でしょ
E：　　　　　　　　　　　　　　　　　// あー，いるいる

209
E：えー，かなりショック。私のトランクっすねー，スーツケースが，かなりなんか寂しげに（笑）部屋の片隅に置いてある //……
C：　　　　　　　　　　　　　　　　　　// 準備してるのにね。
E：かなり。っていうか，1回こないだ行けなくなった時に，どうせまたすぐ行くから，って言って，そのままにしといて
T：でも◯◯さん，実際にどうなさるんですか？
E：いや，まあ，その絶対行かなきゃいけないわけじゃない？　その，修論書くには。
S：エステ84時間入ったりするんでしょ
E：うん，まあね，でも，雰囲気をこう，いい // 感じで

E：　　　　　　　　//あー，おうち見たけどねー，やっぱし，まだ早いし

201
T：○○さん，それなんすか？
R：イングリッシュキャラメル
T：へー，あ，ありがとうございます
M：お茶じゃん，とか思うけど
R：（笑）そんなー（笑）

202
C：あのモンブランメールにも触発されて買ったっていう側面もあるのかと……
T：触発されたどころか，僕はあれで，△△さんとか，知ってそうな人に，何かないんすか？//とかって
C：　　　　//っていうか，私が買ってくるね，とか言ってたのに，何か，悪かったなー，とかって
S：いや，それでね，ほのかにチーズケーキが来るかな，とか
K：あ，今日？
S：（笑）いや，そんな当日はありえない，そんな

203
K：ケーキじゃないよね，これ。
T：栗っすね。
C：うん。栗。
T：でも◇◇さん，これなら栗食ったほうがいい，とか言わないでくださいよ。
E：えー，言わない，言わない。そこまで私非道じゃないよー。
T：いやー，僕は言いかねないので。

204
C：ケーキよりもこっちの方がよくない？　スポンジが入るよりねえ
T：入ってますよ
K：ちょっとじゃん。なんか，普通ねえ，こう，大きいけど
S：スポンジも入ってるモンブラン
C：そうそう，それよりもこっちのほうが高級って感じだよね

205
E：髪の毛ピンクにしたいんだけど
C：（笑）
E：ピンクに2回したけど
S：え，したの？ピンクに？
E：ピンクを，ピンク，ピンクブラウンとかいう系統
K：あれじゃない？ブリーチで最初抜いてからじゃないとならないんじゃない？

206
S：染めるの？
I：なんか，なんか，染めたいと。めちゃめちゃ

195
K：あんまり，葉書に下らんことしか書いてなかったでしょ。
C：へっ？
K：下らんことしか書いてなかったでしょ？
C：あー，結構ね，（笑）

196
E：いちいち匂い嗅ぎながらながら食べるなよー
S：すごいね，警戒しとーよね
E：私は食べるよ！とか // 一番に言っておきながら，皆が食べなくても私は食べるよ，とか
C：　　　　　　　　　// 違う，違う，でも，冷蔵庫に入れてると思ったんだもん。
E：入れたじゃん，それから。

197
E：東京ばな奈※大好き　　※東京名物として有名なお菓子
S：何，危険を潜り抜けて（笑）やっと安心できる，今まで何も起こってないない，みたいな
C：まだね，今夜ぐらいは
E：ごめんねー，こんなはらはらさせるお土産を……（笑）
S：ちょっとした，ねえ，心の準備が，
E：そう，なんか止める親を振り切って出てきたからね。
K：あ，そうなんだ（笑）
E：やめんねー，とか言われながら（笑）

198
E：なんかさっき，〇〇さんとかに会って，そこにも配ってきたし，
K：じゃあ何か起きたら自分の責任ということで，
S：急性腸炎とかいって

199
C：（笑）なんか食感が違った気がする，とかって（笑）
E：こんなに疑われたの，初めて。
C：別に，バナナを潰したような，この
S：っていうか東京ばな奈大好き！　あれ美味しいよねーとか言って，凄い経験者じゃないの？
C：もったいないから一生懸命食べる
K：一生懸命（笑）

200
S：何，研修かなんか？
E：ううん，内定式があって，その後その，資料を集めようと思って，ジャイカJAPANとかで，
S：へー，
K：あれは？おうち // は

K：腕とか細い，とか思うもん

188
I：あー，そうそう，メールでさあ，あのー，変なメールとか入ってこない？
K：Cメール※？　※auの展開しているSMSサービスの一種。
I：CメールじゃなくてEメールで。Eメールは入ってこない？
K：うん，何で？　差出人とかで分かっちゃうんじゃないの？

189
S：何なに？
I：いや，なんか，メールでね，あのー，私の // アドレスで // 送信源が私のアドレスで，
K：// うん，　// うん
I：なんかね，こういう，メールが入って来たの。ドラゴンメールとかって言って，まあ，出会い系のやつ？

190
C：だって，もし私のアドレスでさあ，他の人にも送られてたら嫌じゃん // なんか
S：// 嫌だよね
C：えーっ，とか思って

191
C：こういうのって，簡単にできるんだって。なんか，送る，あ，受信するのにはパスワードとか必要だけど，送るのには // なに，パスワードって必要ないから，
S：// うん
C：割とね，できるんだってさ。

192
S：なんか変わった味がするー
K：キャラメル
S：キャラメル？あー
M：なんとかキャラメルとかいう紅茶らしい。
S：(2.0) おいしい
C：おいしいねー。っていうか早くケーキが食べたい
S：(笑) 食わせろってかんじよね (笑)

193
H：昨日のね，カラーとかしたらいくらくらいなん？
I：カラー？カラーは，した，したことがないから
H：書いてなかった？
I：なんか，書いてなかった

194
H：誰だっけ，△△ちゃんもそれだったような気がする
C：7月とかさ，まだ2万くらいしたけど7000円割引

183
K：宝石持ってないし。宝石っていうか，指輪 //
C：　　　　　　　　　　　　　　　　　　// 指輪とか、うん。なんかねえ，すごいよ。汚れがね，泡として出てくるのね。そしたらね，すごい汚れてるって言われた。なんかぶわーって出てきて，（笑）汚れすぎ，とか言われた（笑）

184
K：痩せたけ，なんかいいことあったんかなー，とか思って
C：いやあ，さーっぱり，って感じ。（笑）

185
C：私，結構，精神的にねー，だめになるとね，痩せるほう。
K：そうなんだ。じゃあ去年の夏は，去年の夏こそ幸せいっぱいって // 感じだったんだー。
C：　　　　　　　　　　　　　　　　　　　　　　　　　// いやー，幸せじゃなかったあの頃は（笑）まあ，あの頃は逆に，なんだろ，食べるほうに走ってたのかなー。私ね，その前がかなり痩せてたの。3月とか // に，すごい激痩せして，
K：　　　　　　　　　　　　　　　　　　　　　　　　// そうなんだ。ふーん
C：激痩せって言っても，まあ，知れてるんだけどー，でも今よりも，3キロは痩せてた。

186
I：でもさ，環境変わると食べるよね，// 私もね，// そう言われてみればね，東京いた時から
H：　　　　　　　　　　　　　　　　// うん，　// うん
I：引っ越してきて，// 福岡に戻って来て，// 1ヵ月で，5キロぐらい //
H：　　　　　　　　// うん　　　　　　　// うん，　　　　　　　　// あ，太った？
I：太った，太った。
H：あー
I：それをずーっとキープして，キープっていうか，あんまり良いキープじゃないんだけど（笑）

187
I：東京の頃の写真見ると，痩せてる。ここのとこ // とか
K：　　　　　　　　　　　　　　　　　　　　　// へー，でも△△ちゃん痩せてるじゃん
I：痩せてるように見えるだけ // だよ。
K：　　　　　　　　　　　　// うそー，えー。細ーいとか思うけど。
I：細くないよー。
K：えー，嘘だー，
I：ここととか
K：えー，そおー？　この辺とかすごい痩せて // るじゃん
I：　　　　　　　　　　　　　　　　　　　　// 痩せてないよう！

181
E：○○※，あれ？　※○○＝「と」で終わる人の名前
C：(笑)
K：「と」で終わり？
S：「と」で終わり。(笑)
K：○○って可愛い名前やねえ。
S：えー，可愛くなーい。// やだー
E：　　　　　　　　　　　// なんでー
S：なんか，昔の名前，えっ，昔の名前って感じがするー。やだー
C：逆に今，ありそうで // ない
K：　　　　　　　　　// あーあーあー，
S：えー，そう？　そうかなあ……
K：あのね，響きがいい。
S：えー，やだー。昔から嫌い（笑）
C：ちなみにさ，パーマかけた？
E：かけたよー遅ーい！（笑）遅いよう。そんな分かんない？（笑）

182
K：あれ，○○ちゃん，指輪しとったっけ？
E：いや，してたよ。
K：してた？ //
C：　　　// っていうか今日ねえ，してたっていうか，時々してるんだけど，今日ね，見て，（笑）// 折れてるー，
K：　　　　　　　　　// あらー
C：はがれててすごいんだよ。
E：今バイトしてる？なんかバイト探してたじゃん
C：今，だめ，もうやってない。
E：短期で // やってただけ？
C：　　　// やっただけ。うん。あれ結構良かったよー，すごい楽しかったー
K：宝石磨いてもらった？
C：磨いてもらったー。(笑)
E：えー，何なに？
C：なんかねー，宝石の，展覧会の，バイトをしたのね，//
E：　　　　　　　　　　　　　　　　　　　　　　// うん
C：そん時に，なんか自分の持ってるアクセサリーとかでもー，クリーニングして欲しい物があったら持って来てください，って言われて，
E：へー。
C：でもね、なんかそう、言われたんだけど、持って行けるような雰囲気じゃなかったのー（笑）なんとなくね。それで，そこのバイ※，社員の人が、クリーニングでこうやってたから、どうやったら綺麗になるんですか，とかって言って，こう横で見てたら，なんか，宝石持って来てないの？とか，あ，持って来てるって言って，あ，じゃあやってあげるよー，とか言われて。
※バイ＝バイト，と言いかけて社員だったため訂正した。
K：へー，
C：あー，ラッキー，とか思いながら（笑）

177
H：次？
A：うん？○○ちゃんぐらいやんなあ。
M：○○ちゃん……
I：次？って聞こえて
N：次誰？みたいな

178
H：中学の友達って，結構，だから，なんていうん，(1.0) そういう，なんていうん，結構ばらばらやんな
K：うーん
I：高校出て働いた子とか早いな，やっぱり
M：そやなー
H：そういうのもないねん，私
K：楽しそう // やなー
A：　　　// 2 連休なんてなかなかないやろうなー
M：やっぱ，その，シフトの出るの，何て言うの，その前の月の 15 日ぐらいに来月のそのシフトを作るのに，2 日だけ好きな日，希望出せんねんかー，早く決まれば，その日できんねんけどー

179
C：髪どこで切った？　なんかね，凄い雰囲気変わった気がするー
K：えー，っていうか，やっぱ短くなったけんやない？
C：あとね，なんかね，前髪が可愛い感じになっ // た。
K：　　　// あっ，あー前髪を作ったんだよ久しぶりに。あー，なんかごめんね // せっかく紹介してもらったのに行かんくなってから
C：　　　// えー，なんでなんで。えー，いいよ全然，それはいいよー

180
A：えー，何なにナニなに，○○君？
N：うん。
S：すっごい，(笑)
A：有名人みたいな (笑) サイン付き？
N：えー，いいのかな？　えー私いいよ，やっぱし
A：一緒に食べようよう (笑)
N：なんかね，私がね，買って来るね、とか言ってて，// なかなか買ってこなかったからね，//
S：　　　// うん，　　　// うん，
N：もしかして買ってきたのかな，// とか
S：　　　// へー
A：頂きましょう，せっかくですから

172
K：あの，あれや，○○※んちの近く　　※○○＝人の名前
A：そっちのほうの北。まきの，牧野※，あそこ何て言うんやったっけ？たかしま，たか，たか，あそこらへんやったっけ？
K：高橋※は知ってんで，あるある，とか言って　　※牧野，高橋＝地名
A：サイクリングロードがあるはず。あんなんやったら行けるわ
K：行こうや
A：軽いのしか無理
K：もう疲れてんねんな
M：京都も，自転車借りて，マウンテンバイクで行けんねんけどな，むっちゃ高かった。何万
H：何万？

173
M：4千円とか5千円とかやった気がする
H：それ1日？
M：うん，マウンテンバイクやったから。それやったら電車とかバスとかで // 乗り放題とかのが
A：　　// 京都は高いやろ，やっぱり
K：えー，私ら，嵐山で借りたんいくらやったん？

174
K：私ら2人，なんかな，なんやかんや言って，なんか結構払ったりしてるからな，知らん顔して，（笑）お金，あんまり，なんか高いとか安いとか // 分からへん
A：　　// 分からへんからなあ
K：あほみたいに，あーって
A：あれ，何時間とかあった？　時間って

175
A：想像もつけへんわ。今の仕事してないと思うし（笑）
M：やめんの？
A：分からんって。今私，就職活動してんねんけど，// 一応
M：　　// そうなん？
A：ずーっとしてんねんで，// 声でかいけど
M：　　// 面接とか行ってんの？
K：今日一番のでかさやったな。で，面接とか行ってんの？
A：書類送ってる

176
A：ローソンはもう，ベテランやから，なんでもできるよ
H：かっこいい
A：店長もできる，ぐらいの
M：そうなんや（笑）

166
K：○○ちゃんの分も入ってるし
A：多分な，今日帰ってからやるかもしれへんし
K：別にメール来た時は，じゃあ，

167
I：嫌やな，今日の○○ちゃん，いややったなあ，って打ったら，○○ちゃんも見てんねんな
H：うそーん，とか言って（笑）
A：やばいなあ

168
I：今度は一緒に飲もうな
M：○○ちゃん，強そう
A：っていうか，強い。強いはず
H：いも焼酎とか好き？
M：焼酎（笑）
I：こないだ会社の人たちと、飲みに行って，めっちゃ調子良くって，麒麟のビール園とかに行って，そこでジョッキ3杯ぐらい飲んで（笑）
A：あの，飲み放題（笑）
I：気持ちいいわー，気持ちいいわーって，ずっと // 言ってたって
M：　　　　　　　　　　　　　　　　// ずっと？（笑）

169
A：急に何の話や，すっかり // 酔っ払ってるんかと思ったわ
K：　　　　　　　　　// あんな，トイレ行って思い出してん（笑）結構，お直しとかしたら高いやんか，で，1回見に行った時に，あったから，そこで2，3着，買ってん

170
K：上で見たら，サイズでかいやんかー
A：最近肩幅，腕なー，合うのないねん
H：えー
K：腕な，ごつくなったらしい（笑）

171
K：電車に自転車持込みのやつ※行きたかった
M：行きたかったなあ。まだあるんちゃう？
H：え，何それ？
K：なんかな、期間、ある期間で、どっかの鉄道が、滋賀県の、どっかの鉄道が、自転車持込みで，あのー，電車に持ち込んで，で，サイクリングできんねんな，コースとかあってん
H：へー
K：あそこにしようしゃ，しようしゃって
N：酔っ払ってる。ほら

※ 近江鉄道が運行しているサイクルトレイン

161
H：過去なんかすぱっとやりそう
K：やりそう，やりそう
M：誰が？
K：□□※ ※□□＝人の名前
M：あー
A：過去は過去，今を生きてんねん，って感じがするからな，
H：今しか見えてないやろ，多分

162
K：市外局番分かるかな？
I：市外局番？　そんなん分からへん
A：ってか，家には掛けんやろ
K：これいつの電話番号って感じ，これ，多分茨木※（笑） ※茨木＝大阪府茨木市
A：誰が住んでるんって（笑）

163
K：○○ちゃん，今度は絶対 // 呼ぶわ。意地でも（笑）
A：　　　　　　　　　　　// うーん。絶対。○○ちゃんなあ。
K：よう滋賀の方来てっで
A：京都来るとか言ってんのになあ
K：この前も来るとか言ってん。なんか美術館行きたい // から
A：　　　　　　　　　　　　　　　　　　　　　　　// なんか，イタリア展見に行きます // とかいって葉書来てた
K：　　　// そうそうそう
A：そのついでに会おう，とか言ってたのに，なんか，部署が変わったから，仕事が入ったから無理って言ってて，それから会ってないから，

164
A：部署変わって，休みとりやすくなった，// なってんけど，その，部署，自分の入ってた部署
R：　　　　　　　　　　　　　　　　　　// あー，そうなんや
A：に，新しく入った人が2ヵ月かなんかでやめたらしくって，で，また元に戻ったん
R：あー，結局。// 行ったり来たり（笑）
H：　　　　　　// ショックやなあ

165
R：Iアプリってどうなん？
K：最初はやってた
N：何？Iアプリって
A：なんか，ゲームとかできるやつちゃうん？
R：どうなんかなーとか思って
K：ゲームとかできる。ゲームできるのと，情報，ある程度保存できるから，
R：あー，なるほどね

H：はい。あ，ドリンク？
N：ケーキもって言った
H：え，え，え，(2.0) すいません
A：何か言われたんかな？
I：ちょっと，今な，なんかドリンクのほうラストオーダーって言われてんけど，ちょっと聞いてみて，ケーキ

157
M：まだ来てんの？それー
I：本気で探してるけどって（笑）
A：アドレス変えーやー，// ◯◯ちゃん
I：// アドレス変えた，もう，思いっきり来るように // なった。
A：// そうやろ
I：1 日 30 件とか来てて，うっざー，とか思って

158
A：こないだもなあ，2 人で琵琶湖行ってた時になあ，今，滋賀県の琵琶湖で走っていますー
K：そう，ドライブ，ドライブ
M：うそー
K：会社の人らと旅行みたいなん，
A：でもな，ちょっとな，◯◯ちゃんと，// な，訳ありな男も一緒やってんな
M：// 訳ありな人
M：えー！　△△ちゃん
A：聞いとる？△△※ちゃん　※ 千香ちゃんという友人の名前に使われている漢字について話している。

159
H：千に花もかわいいけど，千に香る
I：やばいやばい，ずーっと，こうやって書いてたかもー（笑）ごめん，ちかちゃーん
H：私そういえば，さっき，◯◯※のやつ，// どうしたっけ？　※◯◯＝人の名前
M：// 登録してないの
H：登録してないかも。してないって言ってて，入れるだけ入れて，なんか，登録書き換えますか，っていう画面，出てなかったような気がするー（笑）
A：独り言や，ひとりごと（笑）

160
A：そういえばな，何を思い出してんねやろ，▽▽どうしてんの？
K：え？
A：▽▽どうしてんの？
I：知らーん。◯◯ちゃんが知らんかったら，知らんよ，誰も
A：□□ちゃんとな，▽▽に会いたいよな，ある意味，って言っててん（笑）
H：そうやんな
I：ある意味のある意味がよう分からへんねんけど

A：そりゃーちゃうやろ，とか
K：そういうツッコミはできん，むこうには（笑）

152
A：神戸に住んでるけど，神戸弁でもないし，大阪弁でもないし，標準語でもないし，ってんで，宇宙人って言われてるらしいで
H：へー
A：宇宙語しゃべっとって，とか言われるらしい（笑）

153
K：◇◇ちゃん，すごいリアクションー
H：あ，ごめん（笑）知らんかったからー
K：いいとも※行きー。
H：いいとも？えーってやつ？
A：そうですね，やろ
K：真剣にやりそうやわ。この人。真面目に。（笑）そうですね，とか // 言って（笑）
H：　　　　　　　　　　　　　　　　　　　　　　　　 // ○○※行ってんろ？
K：え，行ったん？
H：いいとも見に行ったとか // 言ってたで
A：　　　　　　　　　　　 // うそー（笑）

※「笑っていいとも！」1982 年から 2014 年まで放映されたバラエティー番組。司会はタモリ。

※○○＝人の名前

154
K：太ってるよな
M：最近なあ。
K：マヨネーズの取りすぎちゃう？いくらマヨラー // やからって
M：　　　　　　　　　　　　　　　　　　　 // っていうか，今もういいわ（笑）も，もういいやん，って
K：学園天国※やろ，慎吾ママの

※「慎吾ママの学園天国—校門篇—」。香取慎吾が慎吾ママ名義で 2001 年 8 月に発表した曲。

155
H：なんか，一時期よりは結構，元気なったよな。だって結構やつれてたっていうか，最初もう，// かなりやつれてた
K：　　　　 // あん時疲れてたん，あん時いつやった？　6 月やった？
M：なんか // うん
K：　　　 // 6 月末，
H：あー，あん時，ほんま大変やってん。
K：あと，働き初めぐらいん時とか
M：あー，そう // やんな
H：　　　　　// すごかった

156
I：特になんも言われへんかって
A：なら，良かったなあ。
（店員）すいません，ドリンクのほう，ラストオーダーですが，よろしいですか？

145
K：なーなー，◇◇ちゃん見てどう思う？化粧濃くなったよなあ
H：お姉さんって感じ
A：年とった

146
K：前から見たらさぞこっけいやろうなあと思って
A：何がこっけいなんよ？
K：この組み合わせが。○○ちゃんには△△ちゃんってゆうか
H：こう，ちぐはぐな感じがしてる（笑）
A：なんかな，凸凹みたいな（笑）
K：今日，まだこれでも一応，めかしこんでる方やけど，いつももっとふざけてるから，

147
I：いくつぐらいに見られる？
M：あーでも 25 には見えんって言われた
A：どういう意味？
M：もうちょっと若く見えるって
H：若く？どっちかって言ったらなんか，落ち着いてそう，
M：落ち着 // いて
H：　　　// 別に年とってるとかそういう意味じゃなくて

148
N：でも，20 ぐらいの子と何しゃべっていいんか分からん
K：あー，それはあるよな
N：(2.0) あー，新しく入ってくる子とかなあ

149
I：だってなー，生徒になー，おばはんとか言われんねん
H：うそー
A：△△ちゃんな，18 からしたら，おばはんやねん
I：おばはんはな，やっぱむかつくで
A：おばはんはな

150
K：この年はやっぱバカにされるわ。身長。ちっちゃいなー，とか言われんねん。女の子に
H：女の子に？何か言う？そん時
K：あーって笑ってる
A：うるさい！って言っとけばええやん
K：胸もちっちゃいなー，とか男の子にも言われんねんでー

151
K：むこうでも，なー，って言ってしまう

K：だって，ちゃう，めっちゃ部屋の模様替えとかするらしくて，
H：へー
N：だから，部屋の模様替えって言ったら模様替えやんか，普通。やなくって，ほんまに壁紙変えたりとか，（笑）
A：すごいな，変え方がな
H：カーテンとかも全部変えて？
N：そう，すごいねんけど，とか，えー，みたいな（笑）

140
A：明日行くー？ってメール打ったら，最近メールチェックしてないから，分かんない，とか言われた
H：あのー，連絡網どうすればよろしいんでしょうか？
I：あー，あれやろ，伝書鳩（笑）

141
H：本気で，どうすればいい？
I：うーん，うり
H：へ？
I：っていうかな，やっぱ携帯のメールがいいわ
A：携帯のメールは // よく見る
M：　　　　　　　// 携帯，携帯メール

142
K：すっぱい
H：酸っぱい感じ，さわやか

143
I：絶対もう寝てるやろ，と思ってメール送ってもすぐ返ってくるから怖いねんか。いつまで起きてんねん！とか思って
A：△△ちゃんがめっちゃ早いねん，だってな，4時半とかにな，送るやんか，仕事終わって帰って来て，10時半とかに送っても返ってきーひんねん。ごめん，寝てた，とか。（笑）早いから，無理やから，それ（笑）

144
I：それはな，たまたま。いっつもは12時には寝てんもん
H：遅くって何時くらいなん？
I：え，1時とか2時とか。次の日休みとかやったら，結構，深夜番組見てたりとかする
N：同僚どう？同僚
M：面白いよ，
I：前から思っててんけど，◯◯ちゃんとこ，面白そうやねん。海行ったりとか
H：皆で？行ったりするん？なんか，イベントみたいなん
I：ってゆうか，会社であんねんな，旅行が。だってこないだ海外行かはりましたんやわ

N：私はずーっと東寺※　※京都の地名。ここでは勤務先の東寺支店を指す。
A：そうなん？
N：むっちゃ他の人ころころころころ変わってはるで
K：結構新しく入って来た人が出て行ってる。(1.0) 新しく店できたりとか……
H：え，なんか，エリアみたいなんないと？　京都内とか

133
A：何これ？
I：レモン。何，人の勝手に触ってんの？
A：あ，ごめん，何にも見えんくってな，何をはさむの？　パスタ？とか思ってな

134
（店員）「シナモンティー」のお客様
H：ちょっと嬉しいかも
A：何が？
H：なんか，こんなん乗ってると
（店員）ご注文のほうは以上でお揃いですか？　失礼いたします

135
H：お店の人に撮ってもらう？
I：いや，いい。恥ずかしい思いはもうたくさん！って
A：とか言いながら撮ってんねんな（笑）

136
H：きゅっと上げるんじゃないの？引くとか
I：押す，押すんじゃないの？
H：何なに，あ，空いた
A：あ，押したまんま入れんねん

137
I：フレッシュかな，これ。なんかサラっとしてるけど
A：フレッシュなんちゃう？
H：あ，ちょっと見とって，◇◇ちゃん，あー！入れすぎた
M：フレッシュっぽい

138
A：クランベリー？
I：クランベリーじゃない，クランベリーはもうちょっと酸っぱいと思う
N：ベリー，何か5つのベリーとかに入ってそうな（笑）
M：あー，なんかそんな感じ

139
H：●●ちゃんち，行ったことあんの？　すごーい
N：いや，なんか，普通のお家やねんけど，置いてるもんは高そうっていう感じで，（笑）

M：ごめん，暗くなった
H：いいやん，でもよく続いてんなー

127
K：なんか，一人で感じ悪い，一人でウォークマン※聞いてる人みたい（笑）
A：（笑）マイクつけてんの？　▲▲ちゃんも撮られてんねや（笑）
K：▲▲もいい男ってゆってって。
H：あー，すいません

※ ソニーの製品名が由来。ポータブルオーディオプレーヤー全般をさすようになった。

128
A：何時から？
M：10時から
H：えっ，10時？
M：10時からで，遅い時は12時とかから
I：10時っていいなあ
M：うん。でも実際には9時半には出勤してる

129
M：××さん▲▲さん，一番優しかったから，また来るわー，ってメモしてはって，もう来んといてーとか（笑）
K：あー，かわいいなんか，なんか

130
A：うん，だから，道聞かれて，南区とかに住んでる人やったら，あー，分かったわかった，って言ってくれるけど，ほんとに知らん人やと，説明できん。
I：え，でも私が行った時も結構大きかったやろ，あれよりでかなってんちゃうん？なんか改装 // したとか
A：　　　　　　// 店が広くなった

131
K：○○ちゃん，小豆だめやってんな
M：あー，そうやんな
（店員）お食事のほうラストオーダーとなりますが，よろしいですか？

132
K：なんか旅行代理店みたいな感じ // やな
H：　　　　　　　　　　　　　　// 店がまえが？
K：店がまえ，なんか
A：うん
K：なんか，// ここはどこ？っていう
A：　　　　// そうなん？
N：携帯ショップに見えんって，なんか
M：でも明るくなった
K：まだ？
H：移動になったりせんの？移動

K：定時制とかやから，すぐ行けんねん。でも，来年もっと上手い人とかが入ってきたら，私どっかに飛ばされんねん，嫌やー，バトミントンでいいー。バスケとかなったら，どうしよーう？
H：楽しそうやねえ
K：なんかなあ，生徒と一緒に写真とってんか，そしたらな，なんかな，全然知らん子に見せたらしくってな，全然知らん子にな，先生って制服着てた人やんなって。着せてもらってん
A：どういうこと？どういうこと？
K：だから，ホテルで，暇やったから，制服貸して // って言って，なんか，それを
A：　　　　　　　　　　　　　　　　　　　　// うそー，それ着て，なんかやばいなあ
K：全然知らん子が，あ，この先生って生徒の制服着て撮ってた先生やんな，って言ってて
A：あやしーい（笑）
K：でも，なんか，着たかってんか，結構，前の母校よりは可愛いから，ちょっと着さして，って言って着てんか。

123
K：で，写真撮ってんか，な，それを全然知らん子が見せてたみたいで，知らん子に見せたらしくって，// 全然知らん子に，制服着たよな，とかって言われて // ん。
M：　　　　　　　　　// うん　　　　　　　　　　　　　　　　　　　　　// うわー

124
K：お祭りみたいやって，花火も上がったし，ガチャガチャもあったし，プリクラとかあって，
H：撮ったん？
K：いや，あの，顔が，ほら
A：あー，なんかくり抜いて // ある
K：　　　　　　　　　　　// 駅，駅の，駅前とかにある，のがあって，絵書いてあって，あれあれ。あれで撮って，あんなんとかあって，
A：なんで写真持って来てくれへんかったん？

125
K：いやあ，なんか，好青年 //
A：　　　　　　　　　　// やろー，ちゃうねん，前にな，// ○○と前会った時に
H：　　　　　　　　　　　　　　　　　　　　　　　// うん
K：写真見せてもらってんか。そんとき，// ちょっと，えーって感じやってんか //
M：　　　　　　　　　　　　　　　// うん　　　　　　　　　　　　　// うん
K：でもこれ見たら結構 //
M：　　　　　　　　// えー，なんかいい人 // そう
A：　　　　　　　　　　　　　　　　　// やろ？

126
M：うそー，私旅行とかしたことない……
I：(笑)

118

I：私いっつも朝そんな感じやねんか、化粧濃いでって皆に言われて、昼はだーれも言われへん。落ちてんねん。朝だけ朝だけ、朝はかなり念入り
M：お店では言われたことない，もっとマスカラ付けーって言われる
H：えー，そうなんや
A：ちょっとさー，△△，ワインレッドのマスカラ買おうかなー
H：ワインレッド？
A：赤だし，赤だし，赤で，いこうかと
I：でも△△ちゃん
A：ん？目をさませって？

119

I：買い物依存症なんかなって，
K：あー，そうなん？
I：依存症になりそうな勢い。ストレスたまったら，買い物行きたーい，何か買いたーい
A：今度買い物行こうや
M：日曜日とか，ガーンって買ったりする時とか
K：いいなー
I：水着買いたい，水着，水着

120

K：私な，やっと部屋きれいにして，かわいいの飾ったとこやねん
M：全部並べてや，この
A：一緒，一緒に並べなあかんねんな
H：すごいわ，これー
K：っていうかな，これ，真剣にな，欲しい，と思ってな，ずーっと悩んでたらな，あの，クラブの子がな，先生，それほんまに買うのん？って言われて，買うで，とか言ったら，うそー，とか言って言われて，買うって，とか言って，ほんまに買いに言って，なんか，先生なんか変なもん買ってんで，とか言われて
A：(笑) て，疑われてたん？(笑) なんかなー，この辺とかいいねんけど，やばい目一杯
K：やろー
H：このままとか可愛くない？
A: あー，そうやんな

121

A：このままかざって，プラスチックに入れたまま
I：これとか最悪やし
M：(笑) いかついわ
I：これいい，鼻ぐあいが，(笑)

122

K：全国大会で神奈川の小田原行ってん
H：なんの全国大会？

K：かわいいやろ？ // 580円（笑）
C：　　　　　　　// かわいい，かわいい

112
E：足りるよね。
A：うん，っていうか，余ったらどうしよう？
I：余ったら，あのー，手紙書くわ，これで，（笑）
H：じゃあねー，気をつけてねー

113
K：犬には，なんか，あかんもんあんねんな
H：玉ねぎ
A：玉ねぎあかんねんな
E：カニとかも，
K：食べさせたら玉ねぎ病かなんかになんねん

114
H：え，◆◆ちゃん，コンパそんな行ってんの？
M：行ってない，行ってない
I：5回ぐらい，かれこれ，
H：えー，まじで？
E：えー，そうなん？
M：行ってないって，2回ぐらいかな
I：2回ぐらいかね

115
I：消防士コンパとか行ってん
A：何？
I：もー，なあ，□□ちゃん，がっちり系あかんやんか，私，もう，だーい好きやからなあ，代わりに行きたかった

116
A：じゃあ，なん，吉本新喜劇に出てくる人みたいなんは？
K：あれかな，理科の実験※，とかいうの
M：うん，うん

※「理科の実験」＝お店のメニュー。他のテーブルに来たものをさしている。

117
H：韓国風やってさー，
M：美味しそう
K：美味しそうやなあ，生牛いっとく？
A：牛かー
H：なんか肉系多いよなあ，私たち
A：一口って
K：っていうか，これってたまたま，◯◯が乗っけただけやんな

107
I：ちゃうで，○○※，中国行くねんから　※○○＝人の名前
M：あー，うそー
H：いつ？
A：紹介してもらって，やろ？（笑）
I：まだ，これから，メールが，メーリングリスト
H：あー，あー，あー
I：で，紹介してくれるっていう // 話があるから，
E：// え，紹介って別に，ただ，中国のなんか，関係の集まりとかに，教えてくれはんねんな
M：あー，いいやん
A：真剣に酒見てはる人がここにおんねんけど
H：あー，ごめんごめん
(店員)「つまみぐい」のほうになります
I：美味しそーう！

108
H：これにしたら？　シソの味が
A：なんやそれ？
H：一緒か。違うのにしたらいいかなーとか思って

109
I：最近芸能ニュースに疎いわあ。
A：疎いわー。
M：全然見てない
I：とりあえずキムタクが，北琵琶湖に別荘を買う，とかいう噂を
H：どこに？
I：キムタクが北琵琶湖に別荘を買う
A：ちゃうで，芦屋やで
I：ちゃうで，北琵琶湖やでー
H：琵琶湖に買うの？　別荘を？

110
A：人気落ちたよな，全盛期は過ぎたって感じ
M：うん，落ちた。
I：じゃあ，次に誰が来るか，
A：○○さん
H：うー，それは
I：名前挙がっててん
A：やろー？

111
K：○○，忘れたー（2.0）こんな感じ，見て！　こんな感じ！　可愛いやろ，可愛いやろ？
C：ありがとー，かわいい！

A：あーゆう人でもって（笑）平井堅に失礼やから

101
K：2大，3大要素の2つはクリア。ひょろっとしてて，背が高くて……
A：何？ひょろっとしてて背が高い？　一緒ちゃうん？　あ，細いってこと？
I：○○※の，もう1こは何なん？：なんや，顔がかっこいい，とかお金持ってるとか（笑）　※○○＝人の名前
M：医者？
K：ごめんね，今，何大要素にしようかと思って，ちょっと（笑）まあ，とりあえずちょっととりあえず3（笑）

102
K：全員，全員もう，来て，みたいな
A：でも○○※さんは嫌やからな　※○○さん＝タレント名
E：○○さん嫌なんや

103
A：○○※，お酒は大丈夫？ちゃう，帰りになんか，はあーっ，とかなって，なんかちゃうとこまで行ったり // したら　※○○＝人の名前
E：　// 大丈夫，// 終点やし
H：　// 終点やんなあ。戻っておいで（笑）
I：始発，とか言って

104
A：私お酒に酔ってきてんけど
I：私かっかしてきた
M：大丈夫？　フローズンとかはどうなん？

105
A：そういえば，○○※ちゃんと△△ちゃんて，ワイン飲み放題かなんか行ってなかった？　※○○，△△＝人の名前
K：うん，(1.5) あほになった，あー，って // 2人で
M：　// うん，飲み放題
K：カクテル飲み放題，ワイン飲み放題とか，かなり，3，4回行ってるよな

106
A：ほんまにもう，未練ないの？
M：ない，ないっていうか，縛られてたから，ま，いっかー
H：そんなに縛られてたん？
E：言ってやりたかったなあ
K：結構，独占欲強かったもんなあ
M：そうそう，いいかーって，
H：自由にできていいんやない？
M：そうそう，一人が自由でいいかも，って

I：　　　　　　　// なんか胸が痛くなるねん

96
I：え，頼んでたん，これで終わりやったっけ？
A：え，あの湯葉なんとかは？
H：これこれこれこれ。えー？
E：あれー？
M：うん，これだけっぽい。
E：ほんま。どうする？
I：○○まだ食べたいよなー

97
A：口ん中がひりひりする
H：やきそばとかもあるよ，ちゃんぽんとか，
K：うん，なんかご飯系とか食べたい
M：チーズ雑炊って美味しいんかな？
A：不思議に美味しいって書いてあるから不思議に美味しいんやろうなあ。これと，
ここら辺とか，どれがいい？

98
I：両方頼んだらええやん
H：じゃあ，両方と，チーズ雑炊？
E：っていうかな，両方，両方食べてみたい，気がする
I：うん，◇◇ちゃん，呼んで
M：すいませーん
A：なんか激しい人たちやなあ，なんで私たち，がーって，激しいな，私ら

99
E：◎◎ちゃん，辛いの強い？
I：だって△△ちゃん，腐ったおにぎり食べてもあたらへん人やで
H：そうなん？
A：糸ひいてんもん，（笑）糸ひいてんでーって
H：で，食べてたの？
A：なんかな，家族で，おにぎり，お母さんが握ったんやんか，それを食べとって，
糸ひいてんでーって言ってな，妹が言うねんな，糸ひいてんの分かってて，食べとってん。腐ってんかなー，って言っとって
I：腐ってるやろ
A：うちの妹はおなか壊した
E：うそー

100
K：結構，平井堅なあ，こないだなあ，大きなのっぽの古時計ってNHKでやってた時，英語結構ぺらぺらやって // んかー
M：　　　　　　　　　　　// あー，ごめん
K：素敵やん，あーゆう人でもいいかなあなんて

M：そう // 1時間ぐらい前行って
I：　　// 1時間ぐらい前から行ったのに，千何番やって，でもなんかグチャーって入るから一緒やねんか

91
I：なんか一番面白かったんがな，なんかこの曲は
(店員) お待たせ致しました，「湯葉しゅうまい」のほうになります
I：からい？　一番面白かったんがな，// いち……
E：　　　　　　　　　　　　　// 聞いてない，みんな
I：○○※聞いてんのー？　※○○＝人の名前
M：ここが盛り上がるところやから聞いて
I：一番面白かったんがな，この曲はリラックスしている自宅のソファーで作りました。聞いてください，ソファー(笑)ってな，そん時な，そのまんまやん！って言ってんか，そしたらその前の人もな，ちょうど同じタイミングで，そのまんまやん！って，さすが関西 // やからな，
M：　　　　　　　　　// わーって笑いが起こって

92
K：なんかドラマん時がいいわ。
A：あー
K：顔の区別がつけへん，いるやん，同じような顔の人
A：でもなんか，安藤政信と，なんやったっけ？　えーっと，中村俊介ってよく間違えられるよな

93
I：こないだ山田花子が間違えてはった。良かったですー，赤影※，とか言って
A：それちゃう？　※2004年の映画「RED SHADOW 赤影」。安藤政信が主演。
I：でもアンコールしーひんのがびびった，普通アンコール絶対するやろ，それしーひんかったのがちょっとびびった

94
I：とりあえず美味しいなん，
K：美味しい？
I：っていうか，◎◎ちゃん気をつけたほうがいいで，写真とるのへたくそやし (笑)
A：△△に言われたくないねん

95
E：辛いよなあ，これ，
A：やっぱ9丁目行き過ぎたんかなあ，(笑)
H：でもこんなもんかなっていうか，辛いけど
I：とりあえずって美味しいなあ，とりあえずって聞くと，私心が痛むねんけど
E：なんで？
A：口癖？
I：学校でな，あせった時，とりあえず，とりあえず，ってむっちゃ言ってるからな，
A：そのたんびに // この味思い出して

A：はよ取り，みんな（笑）
H：△△ちゃん一番でかい奴じゃなくていいの？
K：え，一番でかいのこれと思ってんけど，あ，// ちゃうかった？
M：// 私もこれと思ってんけど
A：じゃ，◎◎ちゃんこれ取りー
K：いいで，はいはいはいはい
E：ごめん，飛んだ，とか言って
A：○○，どこまで参加できるんか分からんし

87
A：9丁目は食べて帰って
H：そうね
(店員)「地獄の肉団子9丁目」になります，// お後こちらが「とりあえず」のほうになりまーす
K：// 来たっ！
M：はい，はい

88
K：あー，辛！　辛い，やっぱり
H：前，なん，何丁目食べたん？
K：多分6やね
M：6ぐらい
E：辛さの度合いで数字が違うの？
K：そうそうそう

89
A：あー，この前うちの近所にな，// 郵便局に強盗入ってん // 入ったんやんか
K：// うん // えー，怖
A：な，次の日な，捕まったんな，うちの家の近所の人やってん（笑）
E：うそー
H：知ってる人やったん？
A：うちのお母さん見たことあるって言ってたけど
K：いくつの人？
A：53ぐらいの
E：おじさん？
A：多分
H：不況で？
A：しかもな，テロ※の次の日やって，全然な，事件，なんていうん，大きくならんかってん

※2001年のアメリカの9.11テロのこと。

90
I：なんか夏のルミナリエ※のかなりちゃっちいバージョンやってて，それ見に行く時に，なんか，あのー，□□※ // 来るって言って
M：// 野外ライブとかって言って
I：千何番やったよなあ

※神戸ルミナリエ
※□□＝歌手名

H：まじで？　私寝言言う？
C：寝言，言うねえ。
A：言いますよね
C：言う，言う。時々ぽっ，て言うよ。しかもね，それ以外と不満系が多い（笑）
A：あー，もう，とか言いながら
H：えー，私△△ん家で寝言言いよる？
I：寝言，うん，言うね。
H：何て言っとった？
I：なんて言いよるかは分からんけど，なんかむにゃむにゃって感じで

84
C：3つ違いだっけ？　3つ違い？
K：そうそうそう
C：大人っぽいね，それ考えたら
K：っていうかね，落ち着いとるんよね，私より大人っぽい
C：落ち着いとるね
K：ねー
C：○○だって落ち着いとるよ。落ち着いとるっていうか，
A：しっかりはしてますよね
C：そう，しっかりしてる
A：あ，しっかりは，とか言っちゃった
C：凄いしっかりしてる。きゃぴきゃぴしてるけど，しっかりしてる。
A：そうそうそう。娘さんっぽいっていうのは，そのきゃぴきゃぴしとることって。
K：あー，はいはい

85
K：あー，結構，前見た時よりかっこいい。別の人？これ
H：前見た時って，いつ見たん？
K：あのー，○○に，// プリクラ見せてもらった時よりかっこいい。
M：　　　　　　　　// ほんまや。えー，なんかかわいい感じ
E：なんか違うー
K：えー，なんか前と全然違う，いくつ？
H：１こ下やねんか，だから // △△ちゃんたちとおない
K：　　　　　　　　　　　// なんか少年のようやで // なんか違うでー
M：　　　　　　　　　　　　　　　　　　　　　　　// えー，背高いん？

86
K：一番おっきいトマト半分こしょうか◇◇ちゃん
M：うん
A：取ったらええやん
E：食べたらええやん
K：ううん，いいの，
A：めずらしくトマト嫌いな人 // おれへんな
H：　　　　　　　　　　　　// 私この辺食べるからいいよ
E：え，いいの？ごめんなー，

C：ふーん，なんか，ねえ，結構ボーイッシュな感じで
K：だいたいいっつもボーイッシュよね
A：よく言われます。もう生徒たちにも，先生絶対運動部でしょー，とか言って○○※

※○○＝高校名

C：見える見える。ソフトボールとか
A：（笑）言われます。私運動できるとよく思われるんですよー，
C：実際は？
A：できないですよ。やった，やったことないですから

80
A：まあ，都会に来て，都会に馴染めない人びとが集まるような感じの
C：ふーん
A：で，慶応，結構早い人は早いんですよね
K：へー，
A：あの辺，山すごいでしょ。
C：あの辺？日吉※？

※慶應義塾大学日吉キャンパス（神奈川県横浜市港北区）

A：慶応の方は，あれっ？日吉……自体っていうよりも，神奈川の方が山すごいごつくて，もう，すごいですよ，やぶい，とか。電車に乗りよって，あ，今やぶかった，とか言うんですよ。マニアックな競技なんですよ
C：へー。なんか東工大の //
A：　　　　　　　　　　// はいはいはい，
C：東工大で，オリエンテーリングやってた友達いるから，もう全然1年くらい連絡とってないけど
A：あー，かなり運動部な感じで，うちは意外とイベント系なんですよ。
K：そうなん？
A：インカレで，いくつも，なんか最近まあ，一橋大とかも一緒に入ってきたいらしくて2人くらい来て，入れてくれって，言ってましたよ

81
C：なんか，あのー，あったかいお茶飲みたい
K：あ，ほんとー，じゃあ，ちょっと待って
C：っていうか，あれ？
K：あー，あんねえ，ポットがねえ，
C：お湯，これで沸かしたら？

82
I：なんか似てるようで似てないよね
A：あっ，そうですね。やっぱり基本的なとこは，似てるのかもなんですけど，
I：うーん
K：顔似とる？
I：うーん，そっくりってわけじゃないけど姉妹だなって感じがする。でも寝とるとこ見たら，あ，○○だなって感じ

83
A：寝言もいっぱい多分聞かれとる

H：あー，なるなるなるなる，
W：で，シャットダウンもできなくなって，
H：あー，なるー（笑）
W：今ね，やられてるよね，（笑）
H：あー，でもチェックかけると，どうしてもね，遅くなるって言うからねー。うーん，大丈夫でしょ。そんなん，よっぽどね，なんか，何回も強制終了しまくってね，相当荒い使い方せんとね，壊れんって言いよった
W：強制終了してる……もう，せーへんから，もうむかつく，とかって（笑）
H：分かる，わかる（笑）

76
K：多分ね，チリソースだけやったら，辛かったと思うっちゃん
C：うんうん
K：だけね，混ざっとる方にした
C：美味しい
K：うん
C：南国に居る気分
K：（笑）

77
C：親にばれん？
K：ばれたんやない？持って来てって言ったけん（笑）
C：（笑）あ，その辺は大丈夫なんだ
K：うん，別にプリクラとかは（2.0）平気
C：（3.5）でも何も言われんやった？

78
A：これもう開けてしまおう
K：なんで？
A：え，だってなんか校長にあげれって言われたけど，校長にあげるのってなかなか難しくない？　コンタクト取れんとって
K：あー，そうなん
A：うん，でもうちの校長，なんかおかしく張りきっとうらしくて，
K：うん。嬉しいんやろ
A：いやー，知らない。なんか，教案をね，月曜に集めてね，火曜に返すから，とか言って
K：見たいって？
A：見たいって。えー，なんか
K：熱心な人やねえ。
A：うーん，かなりね。結構優秀な子がね，おってね，その子がね，なんかもう，見せろって言われて，そしたら，こんなんじゃだめだ，とか言われたとか言ってショックーって言いよった

79
K：長くなって，短くなってって感じやけんね

H：へー，すごいかも。私の，卒論が // 外国人の，なんかな，しぐさ？かな，//
R：// うん，うん // うん，うん
H：空間意識ってあるやん，// 外国人は嫌いだけど日本人は好きとかっていうのを勉強したりしてて，
R：// あー，はいはい
H：映画見てたりとかしても，今，あなたはこれよ，とかって，（笑）

70
W：なんか，すっごいキツイ子。まじめだけど。昔〇〇ちゃんがいじめられたって言ってた
K：あ，〇〇かな？
W：うん，そんな名前やったかな
K：私，上の名前が思い出せない
W：なんか，〇〇ちゃんに，すごい失礼なこと言って，すごいむかついたとかって言ってた
K：あ，やっぱ，多分〇〇だよ（笑）そゆこと言うの，多分〇〇しかいないわ。

71
W：うん，たしか福祉関係だったと思う。なんかね，〇〇ちゃんってあんまり好き嫌いない子なんだけど，// なんかね，言ってた
K：// うんうん，クラス全員から結構言われてた

72
I：あっ！知ってる！おいしいよね
M：そうそうそう，あそこスゴイ好き！でね，なんかね，仕事の帰りにバイトの人に，なんか見に行かない？とか言われて，9時くらいに電話して，9時に，ゾロゾロって女の子が帰るの，怖いんだけど，// 連なって，
I：// いいじゃん，いいじゃん

73
A：何のシングル※だったっけ？とか言って
H：（笑）で，何のシングル？って？
A：たぶん，ここの部分とかに印刷してあるんだけど，とかね，
H：（笑）

※ CD の種類。シングルの他にアルバムがある。

74
K：ティセラ※の CM に出るっていう噂を，噂っていうか，ファンクラブの方で，言ってた
E：へー，え，ファンクラブ入ってたんだったら取れなかったの？
K：そう，間に合わなかったの

※資生堂グループのヘアケア商品のブランド。

75
H：いや，そんな弱々しくないはずやし，うん，大丈夫やろー，
W：最近ね，起動が遅くなって，

R：やらなきゃいけないんだ，頑張って
S：前のおじさんがねー，相当リズム感なくてね，（笑）ずれてんの。必死に頑張ってなんか太極拳の真似しだして，もう，私びっくりしたんだけど，みたいな感じで
R：（笑）まあ，なかなか楽しそうやね

65
K：私がノイローゼになっちゃって
A：あ，そうなの？
K：いや深刻なものじゃなくて，なんか，あまりにも言われすぎて凄く神経質になっちゃって
A：あー，

66
I：私でも，○先生だったからさ，写真とってくださーい!!って言って，でもね，現像して後から写真見たら，えっ，すごい
M：（笑）
I：ね，もう，こんななの。プリクラとか比じゃないって
M：うんうん
I：そしたらね，送ってよー，とか言われてて，でもこれはやだー，とか思って
M：（笑）送らんかったの？
I：うん。怖いこわい。

67
W：○○先生にあこがれて入ったって子，結構いるんだよね
H：え，そうなの？
W：うん，なんかね，私の友達で○ちゃんって子の妹がね，○○先生にあこがれて同女※に来ました，とか言ってて，
※同志社女子大学
H：そうなんだ
W：なんで○ちゃん知ってんの？とか言ったら，えー，有名じゃないですか，とか言われて，えーって感じで，私，ゼミの生徒だけど知らない，とか思って

68
K：○○先生初めて見た時に，私凄い一目ぼれをしてしまってね
H：ときめいちゃったのね（笑）
K：この先生に習うんだー，とか思ってて，まだ1年の時から，日本語教師になるにはどうすればいいですか，とか聞いてて，
H：そうなんだ，積極的だね

69
W：でもね，言葉に敏感にならない？　なんか，勉強してたら
R：なる！
H：今，うちの製品が，あの，ミスがありましたので，大変申し訳ないです，っていう文書を打つんだけど，そういう，原稿って男の人が書いてくるんだけど，ほとんど二重敬語
R：あー，今の取りたかった！っとかって思うの

61
W：○○先生どうだった？
H：あー，○○はね，どうだったかな？　でも，そこそこ居たような気がする
W：なんかねー妹が，うちって姉妹校□□□ってあったじゃない。あそこやねんかー，で結構講師で行ってる人が多いらしくって
H：ふーん
W：○○先生最高ー！とか，私が，同女※だっていうの知ってるからさ，○○先生最高って，お姉ちゃんに言っといてって言われたんだけど，って，うっそー，みたいな

※同志社女子大学

W：そうだよねー，それはねえ，
H：□□□にあげるよって感じ

62
K：1年目って買うやんか。いる，とか思って
W：うん，それで捨てれないんだよね
K：使わないしね
W：そういう本，大量にあるよ，家に
K：いらないー，とか思いながら，捨てれないんだよ（笑）なんか，まあ，いつか使わんかなー，とか // 思いながら
W：　　　　　　　　　// そうよねー，うちは妹が再利用してる
K：あ，ほんとにー
W：うん，妹は，意外となんか，そういうところからこういうのを // 見るっていうか
K：　　　　　　　　　　　　　　　　　　　　　　　　// あー
W：お姉ちゃん，本借りてくわとかって
K：あー，じゃあ，いいねー
W：もう，あげる，って
K：あー，そっかそっか

63
R：女の世界って怖いよね，って思うよね
S：でもね，あそこに慣れるとね，今，会社，情報機器系の会社なんだけど，
R：うんうんうん，
S：男の人だらけじゃん。ご飯も一緒に食べれなかったもん
R：なんで？
S：なんとなく
R：え？　なんで？　おじさん系が多いの？　若い人いるの？
S：なんかねー○○学部にいそうなすごく変な人

64
S：キャピキャピしてて，みんな楽しそうなんだけど，
R：あー（笑）
S：でも，この子たちとはつるめない，とか思って。一人相当若いふりして頑張ってる
R：あーそっかー。あ，ラジオ体操とかすんの？
S：うん。社員研修あって，その時やらされて，

56
K：いいなー，私も海外逃亡したいよー
W：○○ちゃんもイギリスとか行ってたよね
K：一人でぽいって行ってね，あまり実にはなってないかもしれへんけど

57
W：送り火※，今年年末にもやったのよ。
K：あー，うん，見に行った？
W：うん。すごかったよ
K：あー，ほんと。世紀をまたごして
W：うん，みんな若かった，みたいな。平均年齢的に。なんか，ちょうど12時になった時に
K：うん
W：四条の橋の上で // 見てたんだけど
K：　　　　　　　 // はいはい
W：その辺の若い子が“Happy New Year ！”とか言って，抱き合ってんだよね
K：あー，
W：もうついてけなくて

※送り火＝京都の行事。本来はお盆だが2000年12月31日にも実施され，その時の話をしている。正しくは「今年年末」ではなく「昨年の年末」。

58
K：でもね京都らしくっていいなあって思ってた
W：うん，年越しした後はねー，スタバとかでお茶のんで越そうと思ってたのに，50m くらい列ができてて，
K：へー，
W：もう，みんな並んでて，寒いのに，スターバックスのコーヒー片手に，川原で30分くらい震えながら飲んでて，
K：うんうん
W：しょうがないからファーストキッチンで，もういやとか言いながら

59
K：久々のご対面をしてきた
W：なんかね，図書館にも，○○先生のゼミ？
K：うんうん
W：にいた子。名前は覚えてないんだよね。
K：どの子だろ？
W：すんごい大人しい感じの子なんだけど，
K：大人しい感じ。クラスどこだろ？
W：あ，でも私より後かもしれない。

60
K：うそー，私たちって何だったんだのよねー。
H：そうだよね
K：一番おばさんの4回生の時にさー，大変な思いをして……
H：そうよー。なんなの？この段差の違いは，みたいな

K：あららららら
W：で，なんか，お母さんも一緒に来てください，とか言われて
H：ほーう
W：したらなんか一人で家にいるのは危ないから，とか言って言われて，一緒に行く
　// ことになって，
H：// いやーん，いいやん

52
H：でも，いいチャンスだね。
W：うーん，でもなんか怖いよー。
H：なんで，なんで？
W：だって，そんなになんか自分でやっていけるかどうか分かんないし，
H：うん，うん，
W：まだ語学の学校とか決めてないんだよ
H：うん，うん，
W：でもライブとか向こうでいっぱい行こうと思って
H：あー，いいなー

53
（店員）「チョコレートシフォン」のお客様
H：はい
（店員）ご注文のほうは以上でよろしかったでしょうか
H：はい
（店員）ごゆっくりどうぞー
W：わー，なんかすごいね
H：満足って感じ

54
H：髪の毛切ったね
E：うん
H：○○ちゃんがねー，MD※かなんかねー，持ってるかどうか聞くの忘れてたの
　MD かなんか持って // る人？
E：　// うん，うん。なんでなんで？最近すごいね，いっぱい新機
　能が付いたパソコンを買った // のよー
H：　// うんうん
E：最近凝っててー
H：あー，そうなんだー。じゃあ是非ぜひ

※デジタルオーディオの光ディスク記録方式とその媒体。

55
H：あ，でも 8 月に行っちゃうんだっけ？
W：うん，でもまだ分かんないんだけどね
H：そっかー
W：でも一人で勝手に色々決めちゃってて，ドコモの 1 年割引とか解約しに行ったり
　先輩に言ったらまだ早いんちゃう？って，

K：何分ぐらい？ 20分か30分くらいやけんね。
S：へー，
K：ちょっとかかるけど，でも歩いて行ける距離だから別に。天神と同じ位かな，距離的には
S：あー，そんななんだ。

47
S：楽しみだなあ。っちゅうか，全然知らない人と会うっていうこと自体が嬉しい。
K：ね，ドキドキするよね。
S：最近ね，そんなの全然ないから
K：うん，やっぱほらどうしてもさ，コミュニティーに入っちゃって2年目とかなると決まってくるからねー。

48
M：○○ちゃんは？　なんか調査っていうか，調べ物とかは？
H：うーん，なんか，論文読みまくって，
M：先行研究とか？
H：とかは読みまくって，その上で自分のなんか新しい視点とか
M：あー，
H：持っていかんといけんのやけどねー，

49
E：やけ※，なんか同じ論文の中でも重要な部分と重要じゃない部分とあるやん，私は，なんか重要じゃないとこも，重要な部分と同じように比重をかけて，わーって書くわけ。なんか文章がすっごい平板だし，なんかそういう方法？ってなんかうーん，もうそろそろそういう方法は止めたほうがいい，とか，結構厳しかったー。まあ，愛情，愛のムチって感じやけどー。

※福岡方言。「だから」の意

50
Y：だから，多分，でも先生の言ってることはよく分かるからー，また頑張ろうっていう気にもなるし，それが，なんでそんなこと言うの？って思う人もやっぱいるよね，中にはね，
H：うん，
Y：それはやっぱ思わないし，あー，もう，ほんと，ねえ，分かるからね，よく，
H：ね，そうやって，なんか自分の中でそうやって理解できていけばさ，なんかやり方とかもあるし，先生も先生で，やっぱ指導をしてくれるわけだからね，
Y：そうねー，なんかねー，昔の私やったらここでなんか，こう，ほんとに落ち込んで，何もできない人だったけど，
H：大丈夫，大丈夫，
Y：でも，なんか全然大丈夫。

51
W：フランスに今お父さんが単身赴任してて，
K：うんうん，
W：なんか，最初は一人で行ってたんだけど，勝手に向こうで体壊して，

43
K：あ，発表お疲れさん
C：あ，うーん。もうめちゃくちゃやったよー
っちゅうかね，レジュメをねー，ちゃんと作っていったんやけどー，1ページ読んだら，レジュメ読むのやめよっか，って。レジュメ読むとなんか平板になって退屈だからー，レジュメ置いて，自分の言葉で皆に説明しなさい // って言われて，
K：　// うひょー
C：もうなんか，あたしさ，結構2日位あんま寝てなくってさあ，もう，あー，後は読んで，質問受けるだけ，みたいな結構さー，軽くいってたら，うん，そんなんでから，もう，頭真っ白になって，なんか言い訳にならんけどねえ，結局は分かってなかったんやけど。なんかしどろもどろってかんじで
K：まあ，みんななるよ，どうしても。パニくった？
C：そうやねえー，結構ねえ。大恥かいたって感じやけどねー，
K：いやいやそれは誰でもあることやし。私なんかいっつもそうよ。毎回そうよ。こないだね，相当ごまかそうと思ってね，なんか発表の原稿をレジュメを作ったのがもう2週間以上前で // 発表決まっとったけんね……
C：　// うん

44
K：友だち，何分くらいに着くんかねえ，
S：どうかな20分くらいで着くんやないかねえ。結構忙しい？　今日
K：ううん，大丈夫大丈夫。え，なんか，あれやったと？
S：うん？
K：えっと，あ，さっき博多 // 駅やった
S：　// 昼まで仕事で，で，あの仕事場は天神※なんよ
K：あー，そうなんや。　※福岡市中央区の地名。九州最大の商業地区
S：で，なんかちょっとフラフラ水着を見るとか言って。今度社員旅行で，グアム？とかどっか行くとか言って，
K：いいねえ。
S：水着をね。
K：いいねー。

45
K：水着かー，水着とか大学2年とか，3年とかに買ったっきりよ。
S：なかなか行かんもんね。あー，でもね，私，海行くんやったら女の子同士で行きたい。
なんかねー。もうやだ。

46
K：なんか，美味しいお店連れて行ってくれたらいいね。
S：うん。西新※とかねえ，あの辺案内というか，知ってるよね。　※福岡市早良区の地名
K：多分ね，西新
S：バスで近い？
K：バスで近いし，そんな遠くないけんね。歩いて行ける
S：えっ？　行けれる？

A：うん
K：何か言いたいのはなかったんだ

39
K：昨日は不意じゃん，// いきなり電話来たんだからさー
C：　　　　　　　　　　// うん，
K：そうだよ，でも逆も然りじゃん，私だって，あー，まー，いいや。まーいいや，とか言って

40
N：うちら何分くらいから始めたっけ？　もうそろそろ良かったりとかすんのかな？
A：何分とかって分 // かるんかな？
N：　　　　　　　　// こんなんでいいのかね？
A：いんじゃん？
N：どうよ？
A：３３３，３３４，なんか，この，ご，なんか微妙な（2.0）あれでございます
N：カウンターとかないの？
A：カウンターがそれで，その微妙でございます。(2.5) 秒でなしって感じ。分でなしって感じ。
意味不明ーわけわかんない（笑）これ絶対やばいよ。まあいいや。結構しゃべったよね

41
N：分かるでしょ？　私がずっと言ってた事 //
A：　　　　　　　　　　　　　　　　　// 失敬，うん
N：ねえ。
A：え？なになに？なになに，とか言って（笑）
N：インカレ※の // 時とかに言ってた
A：　　　　　// あっ，はいはいはいはいはいはい。え，私分かんなかったっけ？
N：うーん，そんなわけじゃないけどー，
A：あー，びっくりした，分かる。
N：で，言ってたじゃん，１人で言ってたじゃん
A：そうだよね，私はそういう状態はなかったもんね
N：で，それはー，しょうが，しょうがないっていうかさー，まあ，時が経てば，みたいな，感じだったじゃん。

※インターカレッジ。インターハイの大学バージョン。

42
N：２日目かなんかにさ，３人で喋った時もさ，ほら，言ったでしょ，私が。それは立場が違うからだよって，言ったでしょ。
A：そりゃあね，そりゃそうですよ。
N：来ると来ないでは大きな違いだよね，立場的にも
A：そう，ね，まあ，なるへそ
N：古

W：はあ？とか言って
H：まあ，ここのケーキって，結構あれだね，意外とちゃっちいね，

35
F：○○ちゃん昨日決まったんだって
A：どこ？
F：東京三菱
A：え？まじですかー。// 銀行？
F：// おかしくない？
A：銀行？銀行？
F：うん，// 銀行
A：// で？よかったねえ，// えー，ちょっと似合わなーい
F：// え？銀行以外にあんの？ // 東京三菱
A：// ない（笑）
F：（笑）あー，びっくりしたー（笑）
A：（笑）ごめんね
F：まあ，一応確認したんだよね，今ね，
A：銀行？って
F：そうそう，銀行
A：え？　銀行マン？　似合わ // ないんだけど
F：// えっ，でもね，行くなら銀行系っていうのは，前からそういう感じだったの，

36
N：リクルーターっていうのは，OB とか，// いて
H：// うんうん，
N：その人事の人じゃなくてー，// 下の人が，
H：// あっ，はいはいはい
N：何年目かの人とかが，もう，リクルーターってゆって，そのとる人，やるの。人事部が担当するんじゃなくて。その人とかが結構いいって思ったらもう大体のところ通るの。通るわけ
H：あっ，そうなんだー。

37
S：忙しいみたい，でも暇ないんだー，って言ったら，うん，全然，やること一杯あって忙しいって言ってた
C：多分気持ち的に余裕ないと思うね。
S：っていうかねえ，あとほら，卒論なくてゼミ論
C：ゼミ論？

38
K：食べ過ぎ，ここ 3 日間
A：え，いいよ，いいよとか言って。私じゃないし，とか言って。嘘うそ（笑）それは冗談だけどー
K：え，なに，その，昨日の時はー，別に変な間はなかったの？

F：　　　　　　　　　　　　　　　　　　　　　　　　　　　// うんう
　んうん，
H：受けたい人は残ってテスト受けて下さい，とか言われて，// ずっと受けててさー，
　ぐーぐー鳴ってて恥ずかしかった
F：　　　　　　　　　　　　　　　　　　　// あー，はー，はー

31
N：大森って品川っていうか
A：下のイメージがある
N：品川よりも京浜東北で神奈川寄りだから，ま２つなんだけどね
A：え，山の手も並走？
N：山の手はもう品川まで // しか行かないから，
A：　　　　　　　　　　// あっ，じゃあ，もう // そっから先
N：　　　　　　　　　　　　　　　　　　// 私は神田から京浜東北線でその
　まま真っ直ぐ行っちゃった

32
A：さすが私
F：えへへへ，へへへへ，とか言って
A：こわ
F：笑って誤魔化す，みたいな，うそうそ
A：誤魔化しまくり
F：凄いんで，凄いんで，凄いんでとか言って

33
W：風月堂なくなっちゃったでしょ，// 確か
K：　　　　　　　　　　　　　　// ね，神戸デザートアイランドとかいう
W：うちの親もほら前来た時さー，引越しする時さー，そっからケーキ買ってきたよ，
　馬鹿でかいの
K：へー，
W：うちケーキ好きだから（2.0）やたら喜んでケーキ食おうとか言ってさーなんか，
　うちっぽくて，その買ってきたケーキが（笑）
K：（笑）あー，そうなんだ。ホール？ホール？
W：違ーう。こんな，
K：あ，細長いやつ。
W：そうそうそう，

34
H：３分の１ずつ食べんの？
W：当然。そう，で，乗ってんのが，チョコとかじゃなくて，生クリームが好きだか
　らメロンとか，
　そんなのしか乗ってないんだよ，イチゴとメロンとオレンジみたいの，// ちゃっ
　ちい，やつ
H：　　　　　　　　　　　　　　　　　　　　　　　　　　　// あー。
　ありがち

27
I：あー，あとね，あれがいるんだって，どこに一番長く住んだか
N：福島県です
I：ずっとそうだよね。福岡県です。とか言ったりして（笑）福つながりで
N：ね，そうだね。でもそう言っちゃうと福井とかいろいろつながるから
I：いやいやいや
N：いろいろとか言ってもそれくらいなんだけど

28
A：じゃあ，まずケーキ争奪戦といきますか。すっごいおいしそうじゃない？　これミルフィーユっぽくない？
F：これ何？
A：ナポレオンって書いてた（笑）
F：じゃなくて，内容だよ
A：中身？
F：中身中身
A：カスタードじゃん
F：まんまやないか，分かるじゃん，そんなのー
A：そうカスタードとパイをパイ生地を // 重ねて
F：　// シフォン，スポンジあるよ
A：あ，スポンジあるね。しかも底は多分ジャムか // なんか入ってる
F：　// おいしそー
A：まあね，
F：まあね，微妙にね

29
A：私は多分予想をたてる。予想をたてるよ予想たてたよ，いいよ
N：えー。
A：どれがいい？どれがいい？とか言って
N：えー，うーんと，この二つのどっちかがいい // なあ
A：　// 多分そうだろうと思ったよ，やはりね
N：こっち！
A：やっぱりな（笑）
N：嬉しそう
A：シフォンにいくと思ったんだ
N：っていうかねえ，カスタードっぽいパンを今日食べてき // ちゃったから
A：　// あー，そうかあ
N：違うのでいこっかなーと思って
A：なるほど

30
F：さっきのたこ焼きが今日最初のご飯だったんだけど。はーしんどい。でもお腹も意外と空いてないんだよねー
H：まじでー？ずっとさー，なんだっけ，なんか説明会終わった後にさあ，//

21
S：私は△君に相談するし，ずっと友達やからな，立場的には私もしんどいし
E：うんうん。あー，そやな
S：△君もしんどいし，って言っててん。でも，話聞いてくれるから，別の，それぞれ別として。自分の立場を排除して話聞いてくれるからいいねんけど

22
H：どないやねん？ってなって
I：うんうんうん
H：で，△君的にも，私□□って大事な友達やねんって，言ってて，△君もそれ知ってて，
I：うんうんうん
H：自分大事な友達なんちゃうん？ってなるやんか。彼女に対してもな。で，私と△君も，ずーっと仲いい友達やから

23
H：どっちの相談も，私からも相談するし向こうからも相談するし，で，こっちにもあるし，みたいな
こっちはこっちで彼氏的によっかかってるし，私，友達，めっちゃな，ちゃんとな友達として見極めろ，って怒られてん，私が
I：△君から？

24
A：音楽のことに対して，音楽めっちゃ好きやんか。だから，私がこの音楽好きって今まで全然言われへんかってん
K：あー，そうなんや
A：だから好きって言っても，はあって言われる感じやってん。
K：あー，
A：どこがいいん？みたいな感じやって，自由に発言権がなかってん（笑）
K：そうなんや，知らんかった

25
A：○○がいいって思うもんは、私はいいと思わんかったけど、いいと思うこともあったし、思わんこともあったけど、まあ普通に聞いとってん
K：あー，あー，あー
A：こっちのいうことは，ちょっと，シャットアウトされるっていうか，興味ない，みたいな感じで言われて

26
N：やっぱ意識するよ
I：えー，そう？そうでもないよ。あんましちゃだめなんだって
N：カメラ目線とかしちゃだめなんでしょ
I：え？してもいいよ。とか言ってんのね，（笑）
N：こんにちは
I：そうだ，名前

16
H：すごい悩んでる手紙が来て，それに返事書いて，また来て，それに返して，みたいな，今，一応文通状態やねん
S：あー，そっかそっか
H：結構いろんなことで悩んであるみたいやで。なんかな，好きな人，好きなんかどうか分からん
人に // 言い寄られてんねんけど，その人には彼女がおって，みたいな
S：　　// 言いわれてて？
H：あれー?!
S：でも，それはどうなん？　○○※？みたいな　　※○○＝人の名前

17
K：どうなん？　年上ってさっき言わんかった？
S：10 歳年上
K：(2.0) は？
S：それはまあ，どうでもいいねんけど
K：どうでもいいのん？
S：まあ，流れ的に入っていく話で
K：じゃあ，最初っから，まず上流から

18
A：なんか，もう遠くて，よく覚えてないねんけど
H：あー，かなり前やもんなあ，約 1 年も前の話やんな
A：で，次の日バイトで会って，そしたら普通やったら，また遊びに行こうや，みたいになるねんけど，
その日から……

19
A：もう，今年の 3 月くらいまで。
H：何で？
A：っていうか何か何かが気に食わんかったんやと思うねんけど何でなん？って。私的にはこれから盛り上がっていく予定やったのに
H：そうそう，そうやんな
A：どうなん？みたいになるやんか

20
H：○君っていうねんか，その子が，で，○君から誘われても，次，△君，△君っていうねんか，その友達はな，
K：あー，
H：△君と会うまでは，あのー，会わんとくわ，みたいな感じで言ってあって，んけど，もう 1 週間せんうちに今日誘われて××で 2 人で会っっとってん，みたいなこと言われてさー。えーっ？ってなるやんか
K：なるよ。どうなってるん？って

K：なんか，△△からちらっと聞いた
A：△△から？　もうなー学校なー，すごいらしい
K：そうなん？
A：もう，かわいそうっていうか乗り越えたらすごいけど，乗り越えられるかなあって感じらしい
K：そうなん？
A：むっちゃ問題学校みたいなとこ行ってて，
K：生徒がやばいってこと？
A：そうそうそう，先生もやばいねんけど

14
O：なんかなー，私立の学校で，あのー，ちょっと専門的なことできんねんか。仕事しながらでも来れるし，来れるけど，
M：うんうんうん
O：何も目的持ってない子にはどうとでもなる学校で，
M：なるほどな
O：やから，目的もってある子は，すごいまじめにやってあるけど，目的持ってへん子は，何もしいひん，みたいな
M：なるほどな。そりゃ大変やなあ
O：そうそうそう。でな，茶髪にしてきたらなー，// 家に電話せなあかんねんて
M：　　　　　　　　　　　　　　　　　　　// うんうんうん
O：で，初日に電話した家が 18 件とか言って
M：うっそ
O：ほんまほんま。そんでな，直してくるまで毎日電話せなあかんねんて。ピアスとかもなー
M：あー，大変やなあ。
O：○○ちゃん的には，話し合って？いきたいねんけど，周りの先生は，もう，そんなんな，暴力じゃないけど，言って聞かんねんから，っていう感じなんやって
M：あー，
O：でもそんなやり方やったら先生からはわーって言われるし生徒からもがーって言われて
M：板ばさみやん
O：そうなんよ
M：きついなあ
O：号泣したとか言ってたもん。とうとう泣いてしまったって

15
A：今日な，駅でカメラ買ってきたっちゅうねん
K：わー，すごい
A：っていうかな，チャリンコ持って行かれてるかもしれへんって
K：なんで？
A：カメラ買ってたから
K：えー，どうなんどうなん？
A：写真がねー，これしかない。なんか，あんまり写真が好きな人やないねんか

K：んー，なんか，友達関係とかってもう // できちゃってるからー
E：　　　　　　　　　　　　　　　　　　// あー，こっちにねえ，友達がいるんだったら，それもあるよね，だってねえ，うちらだって，△△※にいられるんだったら，ずっといたいって感じだったし　※△△＝地名

10
E：暇があればさー，ほんと，試写会で，舞台挨拶行くから，とか言って徹夜で並んで行けるしさー
H：そうねー
E：うん。(2.0) それは学生だからできる // んだもん，そういうことが
H：　　　　　　　　　　　　　　　　　// そうねー，そうねー。やっぱ働きだすとちょっと違うしねー，
状況も，// ねー
E：　　　// うん
H：身分も
E：そうそう
H：時間の使い方も，あ，でもお金の使い方も違うんじゃない？
E：うーん，以外にねえ，学生の時のがねえ，お金持ちだった
H：え，そうなの？
E：っていうかねえ，贅沢してたなあって思う
H：結構食べ行ったりしよったしね。それは思う。友達とか見とったらさあ，なんかさあ，お金の使い方が違う
E：え，外食しないとか？
H：(1.0) そういうのもあるしー，なんか (2.0) ちょっとした，こういうペット買ったりとか，そういうのでも
E：あ，買わないとか？

11
Y：普通やん，やっぱ親にさあ，日本で言ったらねえ，// アメリカとかやったら
H：　　　　　　　　　　　　　　　　　　　　　　　// うん，うん，
Y：学生の，大学なったら自分の // 力で行くっていうのが普通かもしれんけど
H：　　　　　　　　　　　　　// うん
Y：日本のさあ，まだ一般的な考え方としては学生はまだ親の庇護の元みたいなところがあるからそういう面でほら，自立してる人とかが多い

12
H：この前なあ，○○に会ってから何?! みたいなことあってん。
A：あー，それ聞かな，って思っててん
H：人生最大のなあ，あのー苦しみを味わったわ
A：なんなん？

13
A：○○今，めっちゃ大変らしいで
K：あー，そうらしいなあ
A：聞いた？

S：　　　　　　　　　//そうそう。
(2.0) だけど，親にしてみれば，納得いかない，みたいな

5
N：こんなのあるんだねー//，知らなかった
A：　　　　　　　　　//ねー，
友達がね，なんか，あのー，(1.5) 調査とかでやっぱ，使ってたからー，//
N：　　　　　　　　　//うんうん，
A：私も買わないかんなー，って思っとったんやけど，こういういい機会がないとね，

6
K：△△※に会うときとかは，どうしよるん？//どっか別のとこ行ったり
E：　　　　　　　　　//え？えー　　　　※△△＝人名
だいたいねえ，水曜日か木曜日に会社の帰りに家に来てー，//泊まっていくか
K：　　　　　　　　　//うん，うん，
E：土曜日か，日曜日にー，まあ，新宿とかでー，ぶらーっとして

7
H：△△も細かったよね
C：でもねー，なんかねー，(1.0) やせない，ね，うん。前の方が痩せてた
H：ふーん，でもいいよ，痩せてなくて
C：(3.0) だよね，痩せすぎだよねー，あれねえ細かったもんね，//△△もね，
H：　　　　　　　　　//うん，それこそ
私もやばい，体重超えたことあるし//ぐらいの
C：　　　　　　　　　//うそーっちゅうか，うん，でも私も聞いとってさー，おー，私のが重かった時期あるじゃんっていうぐらいの重さでさー

8
C：心労がたまって痩せだした
A：何でやねん!?とか思うけど
C：でもいいじゃん，醜く太るよりはさあ，
A：まあね，でも幸せ太りってあるじゃない

9
E：○○※にあるもんって//いずれは絶対全国に広まっていくじゃん//　※○○＝地名
K：　　　　　　　　　//うん，　　　　　　　　　//うん，そうね，そうね
E：そう考えると単に最新のものがいち早く楽しめるだけでさー//
K：　　　　　　　　　//うん
E：○○らしいものって，ないなって，//思うよ
K：　　　　　　　　　//あー，それはよく聞くねー。
E：ねー，なんか
K：でも，妹は○○から帰りたくないとかって言ってる。
E：あ，そうなんだー

1

C：でも，なんていうか○○の好みには沿ってる // よね，やっぱり
K：　　　　　　　　　　　　　　　　　　// うん，
C：ひょろ，ひょろ // っとしてて
K：　　　　　　　// そう，華奢系でー，
C：背が高くてー，
K：うーん，細いっていう……
C：お正月のときは，完全に友達 // でー
K：　　　　　　　　　　　　// 友達って感じ
C：ほんとに何で来たの？って感じ // だったんだ
K：　　　　　　　　　　　　　// うん，そうそう
なんか別にそこまで，深い意味はなかったんだけど，私も
C：はあ，はあ，こん時は意識はしてた？
K：うん，ちょっと，すごい性格もいいしね，とかは思ってて，//
C：　　　　　　　　　　　　　　　　　　　　　　　　// うんうん。

2

H：私が福岡好きやけさ // まあむこうは名古屋が好きやけさ //
S：　　　　　　　　// うん　　　　　　　　　　　　// うん、まあお母さん
とかねえ、福岡の人と、とかは思うやろうけど
H：名古屋に帰るとかは言ってるけど
(店員)「ミルクティー」のお客様？
H：まあ，飲んで
S：(3.0) やっぱ，(3.0) やっぱドクター※は厳しいんだね。はい。あ，ありがとー (1.0)
食後とか言ってなかったっけ，これ　　　　　　※大学の博士課程
H：うん，ゆっとった。まあいいや。

3

M：同じ専攻？
A：ううん，アメリカ史やってる
M：経済みたいなかんじ？　そんなんではないん？
A：どうなんだろ，(1.0) なんか，でも，歴史だからねえ，

4

A：じゃあ留学とかしないの？　彼は。アメリカ // に
S：　　　　　　　　　　　　　　　　　　　// 外国に行ったことがない，とかいう人なのよ。一回は行かないかんて言いよるけど。(親は) 帰りが遅いのが，なんか気にくわんみたい
A：何時くらいに帰るの？午前まえ？
S：終電で帰るのでー，
A：あ，午前前くらい
S：うん，家に着くのが 12 時半って感じ。午前過ぎちゃうのでー，12 時まわっちゃうのでー，それが毎日続くとね
A：え，何だっけ？　2 時間くらいかかるんだっけ？　あっちは 10 時くらいに出てんだけど，ぐらいな // 感じ

付録　若者の自然談話録音資料

記号

//	会話の重なり
(数字)	会話が途切れた際の長さ（秒数）
(笑)	笑い声
※	地名や当時の事件，現在は使用しない用語などの解説。
○○／△△など	固有名詞のため伏せ字。複数人数の場合，様々な記号を使用。

登場人物について

個人特定を防ぐため頭文字のみ掲載。
なお，同じアルファベットを使用していても同一人物とは限らない。

録音地点・時期について

録音地点および録音時期は次の表の通り。

通し番号	録音地点	録音時期
1-11	東京	2001 年 3 月
12-25	大阪	2001 年 3 月
26-42	東京	2001 年 4 月
43	福岡	2001 年 4 月
44-47	福岡	2001 年 5 月
48-50	福岡	2001 年 5 月
51-75	京都	2001 年 5 月
76-84	福岡	2001 年 6 月
85-177	京都	2001 年 8 月
178-182	福岡	2001 年 8 月
183-186	福岡	2001 年 8 月
187-235	福岡	2001 年 10 月

※本文中の例文は使用順に番号を通していて，
付録の番号とは異なる。

ミスる	ミスをする
ミソる	脳みそがウニのようになる
ミチる	肉がミチミチする
ミニる	ミニストップで，座っておしゃべりする
むしる	無視する
ムチる	ムチムチする
モクる	煙草を吸う
モゲる	とれる
モサる	髪がモサモサする
モスバる	モスバーガーでバーガーを食べる
モスる	モスバーガーへ行く
モダる	現代ぶること
モデる	モデルになる
モノポる	独占する。ゲームのモノポリーより
もりもとる	不倫する。森本レオより
やじる	相手を罵る
ヤニる	煙草を吸う
やぼった	しまった。しくじった。やっちゃった
ようろうる	養老の瀧に行って飲む
よさのってる	髪の毛がボサボサになった状態。与謝野晶子の『みだれ髪』から
よしぎ(ゅ)る	吉野家の牛丼を食べに行く
よしる	牛丼の吉野屋に行く
よびる	予備校に通う。予備校生になる
ラクロる	ラクロスをする
ラケる	カラオケをする
らちる	連れ去る。拉致する
ラビってる	恋をしている

ラブってる	愛しあっている
ラリった	パニくったり，あせったりしている
ラリってる	いかれてる，狂っている
リドる	喫茶店「リド」へ行く
リべる	愛する
るする	留守番電話にメッセージを入れる
ルパってる	ルパン3世みたいなもみ上げになっている
ルンペる	浮浪する
レズる	レズビアンになる
レヤる	レイヤーを入れる
ロケる	遠出の逢い引きをする
ロスる	無駄になる
ロッテる	ロッテリアに行って食べる
ロンゲる	ロン毛にする

ひできる	気取る
ひにくる	皮肉を言う
ビニる	コンビニに行く
びびる	おびえる
ピヨる	気絶する。ひよこが応援してくれる
ビる	ビリヤードをする
ファウる	ファウルする
ファクシミる	FAX で送る
ファぶる	ファブリーズの略
ファミる	① ファミコンをする ② ファミリーマートに行く ③ 仲良くする（ファミリーから）
フィーバる	ディスコで踊りまくる
ふぃにる	終える。残った食べ物を食べ尽くす
フィバってる	テンションが高い
ふかいる	くだらない洒落を連発する
ふける	逃げる。駆け落ちする
ふさる	運がない
ふせる	布施博のように美人の嫁をもらう
ぶたる	太る
ぶちる	授業をさぼる
フューバる	音楽サークルに入る
フランケる	ドツボにはまる
プリる	プリクラをとる
ブルる	携帯が着信して振動する
プレる	プレイステーションをする
ブロカる	仲介報酬を得る
ベカる	交接する
へクる	間違う
ぺくる	万引きする

ベシャル	しゃべくりまくること，ベシャリから
ペダる	学者ぶる
ペナる	ペナルティをかせられる
へにょる	曲がっている
へビる	馬力をかける
へモる	出血する
へんげる	変化する
ホクオる	パン屋の「HOKUO」で買う，食べる
ポケる	ポケットステーションをする
ほごる	メッセージを保存する
ぼこる	ボコボコにする
ボサる	ボサボサになる
ポシャる	駄目になる
ほそる	細くなる
ボツる	没になる
ポテる	ポテトを食べる
ポラる	ポラロイド写真をとる
ボる	不当な利益を得る。ぼったくり
マクる	マクドナルドに行って食べる
まじゃる	マージャンをする
まずる	失敗する
マチョる	筋トレをする
マッチョる	スポーツで体を鍛える
まつる	牛丼屋の松屋に行く
まみる	① 混ざり込む ② マミーを飲む
まめる	ナッツを食い散らかす
まんだる	漫談する
ミスタる，ミスドる	ミスタードーナツで食べる

トラブる	トラブルになる
トラボる	ディスコでカッコ良く踊る
ドラマる	実生活でドラマのようなことをする
トリプる	３回連続でフィーバーする
ドリる	① ドリアンを食べる ②「ドリフト」に行く
トロットる	ふらりと歩き回る
ななめってる	「ななめになってる」の略
なりる	なりきるの略
ナルッテる	超ナルシスト
ニヒる	否定し去る（ニヒルから）
ヌマる	喫茶店「アサヌマ」でしゃべる
ネコる	芸者遊びをする
ノイる	ノイローゼになる
ノラる	妻が夫を脅すために家出をする。「人形の家」のノラより
バーバる	めちゃくちゃに頑張ること
バイオる	犯す
ハイカる	西洋振る（ハイカラより）
はいくる	俳句を作る
ハウってる	うるさい（ハウリングから）
バグる	① パソコンなどがこわれる，おかしくなる ② おかしな行動。CD が途中で飛ぶ
ぱくる	そっくり真似をする
パクる	盗む。真似する
ハケる	人などがいなくなる
ハゲる	① ハーゲンダッツに行く ② 禿になる
はこる	「箱根蕎麦」で食べる

ハジける	① 失敗する ② 調子にのっている
はしょる	（語句・文・計算問題）などをとばす
パシる	言いなりになり雑用などをする
ぱちょる	盗む
ハチる	物事を初めてやる
ぱちる	物を盗む
パチる	① パチンコに行く ② ぱくる（盗む）の変形
バトる	喧嘩する
パニくる	パニックになる（なった）。狂ってしまう
パニる	慌てふためく
ばびる	びっくりする
はぶる	仲間はずれにする
はまこる	ギャンブルなどで大金をする（元衆議院議員の浜田幸一から）
ハマる	笑いのつぼにはまる
ハミる	仲間外れになる
ハモる	音が調和している
はらける	うそを言う
パロる	パロディをつくる
バンはってる	仲間をひきつれてリーダーぶってる
バンプる	妖婦のように振る舞う
ピアる	ピアスの穴あける
びくる	驚く
ビコる	尾行する
ヒスる	ヒステリー状態になる
ぴちる	服がぴちぴちになる。PHS を借りる

ダルがる	ダルいからどこかでたまる
たんばばる	近鉄・京阪丹波橋駅で乗り換える
チキってる	びびっている（臆病者：英語，チキン）
ちくる	①いいつける。密告する ②先生とかに内緒話をいってしまうこと。 ③秘密にしていたことや悪いことを言いつける時に使う
チップる	チップ欲しさのサービスをする
ちびる	もらす。小さくなる
チャキる	えらそうにする
ちゃける	ふざけている
ちゃづる	茶漬けを食べる
チャブる	茶道部へ行く
ちゃめる	お茶目なことをする
チャリった	自転車で来た
チャリってく	自転車に乗ってちょっとそこまで行く
チャリる	チャリンコに乗る
ちゃる	盗む
チュワる	「中和ビル」で御飯を食べる
ちょける	おちゃらける
ちょっぱる	ちょっと，ぱくる
チョッパる	盗む
ツーモる	上がる（麻雀から）
つばってる	えばってる＝威張る
ツボる	笑いのツボにはまる。つぼ八に行く
つもる	女をものにする
ディグる	レコードを発掘する
ディスコる	ディスコに行く

ディスる	ディスコに行く
ディズる	ディズニーランドに行く
てかる	顔の表面に油が浮いてくる
デカる	怠ける
テクる	テクテク歩く。見せる。テクニック披露
デコる	飾り付ける
テトる	テトリスをする
デニる	デニーズで食べる
でばる	変態的行為（出歯亀事件から）
デぱる	出っ歯になる
デパる	デパートに入る
デブる	肥る
デボる	怠ける
デマる	煽動する
デモる	デモを行う
デリる	デリートする
テる	電話をする
テロる	暴力行為に出る
テンぱる	いっぱいいっぱい。ひどくあせる
トーキる	騒々しい
ドージョる	道場で飲む
ドジる	失敗する。ドジを踏む
とちる	間違う
ドッぺる	落第する
とどる	首が太っている。ヤンキーぶってる
ドトる	ドトールに行く
ドナる	マクドナルドに行く
トミる	スーパーのマルトミに行く
ドムる	ドムドムバーガーに行って食べる

シャネる	全身シャネルで決める
シャノる	喫茶店「シャノアール」に行く
シャブる	シャブシャブを食べる
しゃみる	あまのじゃく
しゃれる	おしゃれにする
じゅくる	新宿に寄る
ジュネブる	くだらない会議をする
ジョイる	ゲームセンター「ジョイ」に行く
ジョイろうや	ジョイフルでご飯を食べよう
ショーる	皮肉を言う。バーナード・ショーから
ジョナる	ファミレスのジョナサンで時間をつぶす
ジョビる	はめをはずす，なりきる
シラクる	フランスのシラク元大統領のように批判を無視し，横暴に振る舞う
しらける	ギャグを言って，みんなが静まりかえる
しんだる	人にたかる
スクランブルってる	交差点など入り混じってる
すけべる	助平なことをすること
スケる	オートバイの後ろに乗せる
スタンバる	今にも～しようとしている
ステクる	散歩する
ステる	死ぬ
スネッタ	脛をぶつけた時にとっさに出る
スペクる	投棄する
スベる	言ったりやったりしたことがウケなかった
ずべる	不良少女っぽくなる

ズボる	失敗する，最悪の状態になる
スルーする	① 無視する ② 情報などがその人を通して流れている
スロる	スロットをする
セクる	セクハラする
セブる	セブンイレブンに行く
セレブってる	セレブを気取っている
ソテる	ソテーを食べる
ソバる	ソバージュをあてる
ソプラる	ソプラノで歌う
そんぼける	損をする
たいじる	退治をする
だいまる	本を万引きする
たかしまる	高島屋に行く
だがる	学校帰りに駄菓子屋に行く
タクる	タクシーに乗る。タクシーを利用する
タケる	① 意味不明の言葉を話す ② 竹田まで行くこと ③「タケル」へ行く
タコる	タコ焼きを食べる。怠ける
タゴる	居眠りする
ダシュぱる	ダッシュする。ものすごく急ぐ
ダビる	ダビング録音する
ダフォる	ダブルフォルトする
ダブる	かさなる
だべる	駄弁を弄する
ダべる	話す・喋る
ダボる	ルーズソックスをはく
たまげる	びっくりする
ダミってる	ダミ声を出している
たむる	たむろする

資料3　動詞化接辞「―る」一覧

げきる	一生懸命がんばる
ケチる	物や金を惜しむ
けつる	赤点をとる
ゲてる	頭がハゲてる人に気を遣う
ゲトる	手に入れる
けぽった	げろ吐いた
コカる	コカコーラを飲む
コギャる	コギャル化すること
こくる	① 告白する ② 告発する
こける	失敗する
こげる	日焼けした
コスメる	おめかしする
コダマる	写真を自動シャッターで撮る
ごちる	ごちそうする
こどくってる	一人で
ごなる	元 SPEED の新垣仁絵のソロプロジェクト：HITOE'S 57 move っぽくなる
ゴバる	パチンコをする
こびる	媚びを売る
コピる	コピーをとる
こぼれる	遅れる
こリブる	「こリブレ」で物を買う
ゴルってる	もの凄い顔になる
コンパる	交際する
こんぶる	髪の毛が昆布状になる
コンぺる	交際する
サークる	サークル活動に出る
さぎる	詐欺にあう
サクラる	萌え萌え。俗にオタク
サクる	① さくっと帰る ②「おさく」へ飲みに行く ③ サクセスする，コンビニのサークルKに行く
さだはる	元巨人の王貞治氏のように年をとっても頑張る
サチる	借りたものを返さない。飽和する
サテる	喫茶店の「サテン」でお茶する
サドる	相手を虐待して快楽を得る
さびる	錆びてしまう
サブる	コンビニのサブマリンへ行く
サボる	怠ける
シアとる	シアトルズベストコーヒーショップに行く
ジェラシる	やきもちを妬く
しくった	しくじったの略
しくる	しくじる
しけてる	つまらない
しける	しらける。つまらない
じこる	事故をおこす
じぞる	黙り込む
シディる	妊娠する
しではる	控えめなこと
しなってる	髪がくりくりしてる人の髪
ジプる	野宿する
しめる	殴る，殺す。痛めつけるときに使う言葉
釈迦る	失敗すること。最低，最悪
しゃしゃる	調子に乗ってる
ジャスる	ジャスコに行く
ジャズる	ジャズで踊る。でたらめな生活をする

おうしょる	王将で食事をする
オケる	カラオケに行く
おだきゅる	小田急で郊外へ出掛けていく
落ちる	チャットから抜ける（＝退室）する
おばる	おばさんぽくなる
オぺった	整形した。オペ＝手術
オぺる	オペラ女優を追い回す
おんみょってる	陰陽師のマネばかりする。陰陽師オタク
ガイコる	外交から，話をつける
がくる	勉強する
かける	学校の単位を落とす。欠点を取る
カジる	喫茶店「カジカ」へ行く
ガスる	ガストで食べる。ガストに行く
かちる	調子にのる。調子に乗るな＝かちるな
かつぎゅる	御飯を食べ過ぎて胃がもたれる
カビる	カビがはえる
カフェってく？	スターバックスに寄って帰る
カフェる	カフェテリアでお茶を飲む
かぶる	御客がどっさり来る
ガボる	泥にはまる
ガマってる	可愛いと勘違いしているキモイ女子
ガメる	人のものを取って自分の物にする
かもる	鴨川で座って話す
かもる	ターゲットにする
がんこる	頑固になる

キケる	ぐしゃぐしゃになる
きざる	きざなことをする
きじる	記事をとる
キティる	かわいい。キティちゃんから
キテる	トレンディである
きばる	がんばる
ギボる	心霊体験をする。 霊能者宜保愛子から
キャバる	派手に化粧をし，着飾る
キャピる	はしゃぐ
ぎゅうじる	①牛耳をとる ②牛丼の吉野屋へ行く
ギューる	牛丼を食べる
きょかる	先生などに許可をもらう
キヨってる	上を向いてぼーっとしてる様子
キョドっとる	迷っている。変な行動をしている
きょどる	挙動不審
ぎょふる	漁夫の利を得る
きょひる	拒否する
ギられる	自転車などをパクられること
ギる	盗む
キレる	怒りをコントロールできず暴力をふるう
ぐぐる	検索エンジン「google」で検索をかける
くさってる	①草のような感じをかもし出している ②腐りかけている
ぐさる	ぐさっと刺さる言葉
ぐちる	愚痴を言う
グリる	「グリル」で食事をする
ぐれる	愚連隊から，不良になる

資料3　動詞化接辞「―る」一覧

1. 動詞化接辞「―る」の語彙一覧は，堀尾（2000）卒業論文および堀尾（2008）「動詞化接尾辞『―る』について」執筆時に収集。
2. 収集した語彙は若者言葉を作る動詞化接辞「―る」によって生まれたものである。そのため明治，昭和など古い時代のもので現在は死語となっているものも含まれていることを付記する。
3. なお，全国チェーンでない，地域限定の店名には「　」を入れている。

((足が) ぐれる	高いヒールなどを履いて歩いているときにカクッと転ぶ
DISる	ラップで相手を罵る
KABAる	KABAちゃんみたい
PEってる	マニアックなゲームをやろうとする
あぐる	TVドラマ「あぐり」を見る
あさぼらけってる	かぐや姫のように美しい
アジる	煽動する
アセロラってる	アセロラのように，汗をかいてる
アピる	好きな人にアピールする
アピる	ショッピングモール「アピタ」に行く
アムる	カラオケで歌う
あめる	好きな女性に飴を買って行く
アライヴる	本，CD，ビデオのレンタル店「アライヴ」に行く
イガる	イガグリになる
いきってる	いきがる。チョウシの進化系
いきる	生意気である
イケてる	かっこいい，容姿が素敵だ
いじゃける	いらいらする
いちびる	(動) ふざける。(派生) いちびり
いちゃる	調子に乗っている
イってる	目がイってる
イモる	ズルをしたりする。迷う
いらびる	調子に乗る
イレブる	セブンイレブンに行く
インべる	インベーダーゲームをする
ウシる	牛丼を食べる
ウダる	ウダウダする
ウニる	脳みそがウニのようになる
ウノる	Unoをする
えがわる	江川卓氏の巨人入団時の行動から駄々をこねる。他人を犠牲にする。
エスる	エスケープする
えなってる	「えなる＝えなりかずきになる」の進行形
えびる	キスをする
エブる	ファミレス「エブリデイズ」で食事をする
エロる	エロチックを発散する
えんじょる	援助交際をする
エンビる	ねたむ

—さ：語彙	掲載日	掲載新聞・Web
不適任さ	06.6.26	bounce
不透明さ	06.6.26	朝日新聞
不便さ	06.6.26	JanJan
フルーティさ	06.6.27	日刊プレスリリース
フレッシュさ	06.6.24	オリコン
平静さ	06.6.25	河北新報
ヘタさ	06.6.23	サンケイスポーツ
ヘルシーさ	06.12.17	中日新聞
変てこさ	07.08.07	SlashGear Japan
便利さ	06.12.19	CNET Japan
芳醇さ	07.7.14	産経新聞
豊富さ	07.08.07	南日本新聞
ポジティブさ	06.11.28	オリコン
まじめさ	06.12.23	中日新聞
間抜けさ	06.12.20	innolife.net
身軽さ	06.6.26	OngakuDB.com
見事さ	06.12.09	産経新聞
惨めさ	06.6.24	JanJan
未熟さ	07.7.18	産経新聞
無邪気さ	07.08.07	ウオーカープラス
無秩序さ	06.6.26	中央日報
むなしさ	06.6.20	中国新聞
無念さ	07.08.07	朝日新聞
無表情さ	06.6.26	ウオーカープラス
モロさ	06.6.22	日刊スポーツ
やんちゃさ	06.12.18	スポーツ報知
有意義さ	06.6.15	swissinfo
優位さ	06.6.23	日刊スポーツ
勇壮さ	07.8.5	北陸中日新聞
優美さ	06.11.26	徳島新聞
有利さ	06.6.23	日刊スポーツ

—さ：語彙	掲載日	掲載新聞・Web
ゆたかさ	06.6.21	カービュー
ユニークさ	07.8.3	朝日新聞
ゆるさ	06.12.21	エキサイト
妖艶さ	07.7.29	なにわWEB
要害堅固さ	06.12.17	読売新聞
リアルさ	07.7.17	GameSpot Japan
冷静さ	07.7.26	日刊スポーツ
玲瓏さ	06.12.09	産経新聞
わい雑さ	06.12.21	読売新聞
ワイルドさ	06.12.19	レスポンス

資料2　名詞化接辞「―さ」一覧

―さ：語彙	掲載日	掲載新聞・Web
そっくりさ	06.11.27	CINEMA TOPICS ONLINE
率直さ	06.6.26	朝日新聞
ソフトさ	06.12.20	北海道新聞
存在さ	06.6.20	innolife.net
大事さ	06.6.26	しんぶん赤旗
対等さ	06.12.21	IT pro
ダイナミックさ	06.6.21	Corism
大変さ	07.7.26	東奥日報
たくましさ	06.2.14	ソフトバンクビジネス＋IT
巧みさ	06.6.25	北海道新聞
多大さ	07.08.07	朝日新聞
タフさ	2007.8.5	マイコミジャーナル
駄目さ	06.12.13	読売新聞
多様さ	07.7.14	福井新聞
ダルさ	06.6.21	インフォシーク
稚拙さ	2007.8.4	中日新聞
知的さ	06.12.19	BARKS
緻密さ	06.6.21	日刊スポーツ
ちゃらんぽらんさ	06.6.23	中日スポーツ
中途半端さ	06.12.20	NINA
痛快さ	07.08.07	山陽新聞
つやっぽさ	06.12.09	スポーツニッポン
つややかさ	06.6.22	読売新聞
手厚さ	07.08.07	河北新報
底堅さ	07.7.31	時事通信
低質さ	06.12.17	ライブドアニュース
低調さ	06.12.18	日テレ NEWS24
デカさ	06.6.22	bounce
的確さ	07.7.19	日本経済新聞

―さ：語彙	掲載日	掲載新聞・Web
適当さ	06.12.23	エキサイト
手頃さ	06.6.21	@ Press
天真爛漫さ	06.12.22	アメーバニュース
堂々さ	06.6.13	WOW! Korea
どん欲さ	06.12.23	中日新聞
ナイーブさ	06.11.28	allcinema ONLINE
熱心さ	07.7.22	朝日新聞
のびやかさ	06.11.29	Phile-web
ハードさ	06.12.11	ライブドアニュース
派手さ	07.08.07	中日新聞
パワフルさ	06.6.22	オートバイテル・ジャパン
煩雑さ	06.6.28	Phile-web
磐石さ	06.6.20	スポーツニッポン
悲惨さ	07.08.07	中日新聞
非常識さ	06.12.20	IT Pro
ひた向きさ	06.6.12	日経スポーツ
必死さ	06.6.23	日刊スポーツ
非力さ	07.08.07	Number
貧困さ	06.12.10	デイリースポーツ
敏捷さ	06.12.25	読売新聞
ファジーさ	06.11.27	読売新聞
不安定さ	2007.8.1	朝日新聞
フェミニンさ	06.6.28	日経プレスリリース
不可解さ	06.6.25	朝日新聞
不屈さ	07.08.07	しんぶん赤旗
不自然さ	07.7.8	中日新聞
不親切さ	06.6.23	神戸新聞
不確かさ	06.12.17	Dr. 赤ひげ .com
プチ鬱っぽさ	06.6.26	OngakuDB.com
普通さ	06.12.17	朝日新聞

—さ：語彙	掲載日	掲載新聞・Web
高額さ	06.12.18	苫小牧民報
剛毅さ	07.08.07	しんぶん赤旗
豪胆さ	06.6.22	朝日新聞
好調さ	06.6.22	tennis365.net
高度さ	06.6.15	ZDNet Japan
高品位さ	06.6.22	IT media
公平さ	06.6.19	東京新聞
ごう慢さ	06.12.15	中央日報
小型さ	06.12.25	IT media
滑稽さ	06.6.14	西日本新聞
こまめさ	06.12.20	朝日新聞
コミカルさ	06.12.20	innolife.net
困難さ	06.6.28	沖縄タイムス
さわやかさ	06.6.28	OngakuDB.com
爽やかさ	06.6.21	日経プレスリリース
ジェントルさ	06.6.22	bounce
自然さ	06.12.18	ASCII24
親しみやすさ	06.6.21	@ Press
したたかさ	06.12.14	ソフトバンクビジネス＋IT
邪悪さ	06.6.14	innolife.net
醜悪さ	06.12.15	北海道新聞
重厚さ	2007.8.1	NHK
自由さ	06.6.28	CNET Japan
ジューシーさ	06.6.25	日経プレスリリース
従順さ	06.12.18	スポーツニッポン
自由奔放さ	06.12.21	スポーツ報知
シュールさ	06.12.21	京都産業大学
純粋さ	06.6.26	ケータイ Watch
順調さ	07.7.18	デイリースポーツ
正直さ	06.6.26	産経新聞

—さ：語彙	掲載日	掲載新聞・Web
上質さ	06.12.22	Corism
真剣さ	07.7.12	河北新報
慎重さ	07.7.27	朝日新聞
審判理不尽さ	07.8.2	ZAKZAK
シンプルさ	06.12.17	ビジネスコミュニケーション
健やかさ	07.7.26	アパレルウェブ
管理ずさんさ	06.6.23	東京新聞
ストイックさ	06.12.13	BARKS
スパイシーさ	06.12.10	日経プレスリリース
スピーディさ	06.12.21	両丹日日新聞
ズブさ	06.6.18	日刊スポーツ
ずぶとさ	06.12.15	ライブドアニュース
スポーティさ	06.6.5	カービュー
住みよさ	06.6.7	日本海新聞
スムーズさ	06.11.29	Phile-web
ずるがしこさ	06.6.26	朝日新聞
スローさ	06.6.25	フジサンケイビジネスアイ
正確さ	07.08.07	西日本新聞
正確性さ	06.6.24	新建ハウジング
精悍さ	06.6.28	日刊スポーツ
誠実さ	06.12.04	読売新聞
脆弱さ	06.6.13	読売新聞
成熟さ	06.12.17	IT media
「精密」さ	06.6.22	デジタル ARENA
セクシーさ	06.6.26	ケータイ Watch
積極さ	07.7.22	朝鮮新報
繊細さ	2007.8.3	サンケイスポーツ
洗練さ	06.12.04	innolife.net
爽快さ	06.12.21	苫小牧民報

資料2　名詞化接辞「—さ」一覧

—さ：語彙	掲載日	掲載新聞・Web
あいまいさ	06.6.11	朝日新聞
悪質さ	06.6.15	愛媛新聞
アクティブさ	06.12.18	日経プレスリリース
アグレッシブさ	06.12.17	コンピューターワールド
鮮やかさ	07.7.22	ZAKZAK
“熱さ”	06.6.23	サンケイスポーツ
暑さ	06.6.20	中日新聞
あでやかさ	06.6.14	河北新報
甘さ	06.6.22	朝日新聞
荒らさ	06.12.17	ZDNet Japan
いいかげんさ	06.6.21	愛媛新聞
粋さ	06.12.4	innolife.net
一生懸命さ	06.6.27	足立よみうり新聞
いびつさ	06.12.14	中国情報局ニュース
陰湿さ	06.12.15	河北新報
うまさ	06.6.25	日刊スポーツ
おいしさ	06.6.21	日経プレスリリース
多さ	06.6.26	JanJan
おおらかさ	06.6.26	琉球新聞
オシャレさ	06.12.03	オートバイテル・ジャパン
恐ろしさ	06.6.18	JanJan
おちゃめさ	06.6.24	ライブドア・ニュース
愚かさ	06.6.24	JanJan
快適さ	07.08.07	CNET Japan
確実さ	06.12.22	河北新報
過激さ	06.6.26	朝鮮日報
カジュアルさ	06.12.21	GAME Watch
堅苦しさ	06.6.22	伊那毎日新聞

—さ：語彙	掲載日	掲載新聞・Web
活発さ	06.6.5	CNET Japan
がむしゃらさ	06.6.22	朝日新聞
華麗さ	07.8.5	北陸中日新聞
かれんさ	06.6.24	中日新聞
簡単さ	07.7.24	ITpro
完璧さ	06.6.16	swissinfo
希少さ	06.12.17	日刊スポーツ
貴重さ	06.6.23	チャイナネット
希薄さ	06.11.27	ライブドアニュース
厳しさ	06.6.22	朝日新聞
きめ細かさ	06.6.16	読売新聞
キャッチーさ	06.12.22	スポーツ報知
キュートさ	06.12.16	Fashionsite
器用さ	07.08.07	Number
強靭さ	06.12.21	日経プレスリリース
きらびやかさ	07.7.11	朝日新聞
緊迫さ	06.6.28	東亜日報
勤勉さ	07.8.5	ファンキー通信
空虚さ	07.7.27	西日本新聞
クリーミーさ	06.12.10	日経プレスリリース
クレイジーさ	06.11.30	エキサイト
グロさ	06.6.28	So-net Movie
軽量さ	06.12.17	ビジネスコミュニケーション
元気さ	06.6.28	OngakuDB.com
堅固さ	06.6.28	innolife.net
健在さ	06.6.20	innolife.net
絢爛さ	06.12.15	北國新聞
強引さ	07.7.31	PJ ニュース

その他
外来語，擬音語・擬態語 ⇨ 五段動詞
①省略により生まれた語彙 ②外来語を派生させた語彙 ⇨ 従来の用法を使用・応用，語彙拡大 ③語幹として使用できる 語彙・品詞の許容範囲拡大
【漢字一文字・名詞など】⇨ もとの語彙の品詞に捉われず程度の副詞と同様に使用。 擬音語・擬態語使用。インパクトを与えることができる
接辞「―さ」従来は「程度・尺度」を表すイ形容詞・ナ形容詞に付けられていた ⇨ 許容範囲拡大。 「名詞」＋「さ」が存在。 「―さ」の持つ意味を付加。
音声的特徴 「ぼかし言葉」自体のアクセント・イントネーションは，前置する発話文や語彙に左右されない。 語用論的特徴 コンテクストの中でもともとの単語，元来の用法とは異なる使われ方をしてぼかした表現となるものがある。 その他 「―的」を主題化の代わりに使用＝文法に沿ったもの。

資料１　若者言葉の「変化」まとめ

	活用の特徴	意味の特徴
動詞化 接辞「―る」	動詞化「る」は五段動詞の活用をとる。	名詞，固有名詞などに付加し， • 名詞，固有名詞のようだ • そのように行動する • 固有名詞（店名）へ行く 固有名詞（店名）で食べる • 名詞，固有名詞の特徴を持つ
新しい 形容詞	①ナ形容詞のイ形容詞化（一部） イ形容詞のナ形容詞化 ②派生形式の変化	従来の形容詞の意味と異なる意味
程度の副詞	特定の新しい「程度の副詞」 修飾される品詞が「名詞」または「名詞類」	新しい語彙を「程度の副詞」として使用する ⇨ 元の語彙の持つ意味が重要
名詞化 接尾辞 「―さ」	従来はイ形容詞に付けられ，名詞には付けられなかった。 用法の拡大：イ形容詞・ナ形容詞・名詞すべて付けられる。 漢語にも付けられる。 外来語はナ形容詞を中心。	状態・程度・性質を表さない語彙にレベルを持たせる
ぼかし言葉	形態的特徴 「ぼかす」意味，発話文を引用する場合や語彙に後続する 形態素として，語彙に付加 ⇨ その語全体がぼんやりとする 統語的特徴 発言の責任はあるが，その内容・判断についての責任の所在が明らかではないものを引用。 動詞にのみ付けられるもの，名詞にのみ付加されるもの，品詞を選ばないものがある。	「ぼかし言葉」自体でぼかす意味があるもの その「ぼかし言葉」を付けることで付加された引用部分や語彙の意味を変えるもの どちらの「ぼかし言葉」にも共通 ⇨「ぼかし言葉」の有無でその文全体のニュアンスが変わる。

巻末資料

堀尾佳以（2008）.「程度の副詞」・「程度を表す語彙」について——新しい語彙・若者言葉を中心に．東アジア日本語教育・日本文化研究 11．pp.133-151
堀尾佳以（2008）．若者言葉——日本語・韓国語の比較．日韓比較言語文化研究（1）．pp.167-184．国際日韓比較言語学会
堀尾佳以（2008）．若者と敬意表現——実態調査とその傾向——．第 21 回社会言語科学会要旨集
堀尾佳以（2010）．中国語における若者言葉——日本語との比較．東アジア日本語教育・日本文化研究 13．pp.331-350
堀尾佳以（2010）．御（お）と御（ご）の統語的特徴：「お電話」「お時給」はなぜ「お」か．人間科學研究 6．pp.59-71．北見工業大学
松田謙次郎（2012）．日本語の攻防 文法 ら抜き言葉．日本語学 31（15）．pp.66-75
松本哲洋（1993）．一段活用動詞の可能動詞化と日本語教育（言語編）．日本語教育方法研究会誌 1（1）．pp. 8-9
三宅知宏（2005）．現代日本語における文法化——内容語と機能語の連続性をめぐって——．日本語の研究 第 1 巻 3 号．pp.61-76
三宅正隆（2010）．言語変異をめぐる視点：I——言語学から見た社会言語学（中野雅博教授退職記念論集）．立命館国際研究 22（3）．pp.683-708．立命館大学
山浦渚（2012）．言語規範形成における教育の影響：ら抜き言葉をてがかりとして．国語教育思想研究（4）．pp.97-105
山口明穂（2001）．日本語文法大辞典．明治書院
山下喜代（2011）．字音接尾辞「式・風・的」の意味——プロトタイプとスキーマ．青山語文（青山学院大学日本文学会）第 41 号．pp.130-142
山梨正明（2000）．認知言語学原理．くろしお出版
山里優（2010）．「さ入れ言葉」の増加について．国文学（94）．pp.112-96.
湯浅英男（2005）．言語変化をめぐる二つの考察：完了時制生成の文法的要因と言語変化の社会的受容について．会誌（17）．pp.7-21．阪神ドイツ語学研究会
米川明彦（1998）．若者語を科学する．明治書院
米川明彦（1998）．現代若者ことば考．丸善ライブラリー
Hopper & Traugott（2003）．“Grammaticalization”. Cambridge University Press.
Langacker（1993）“Reference-Joint constructions.” Cognitive Linguistics 4: pp.1-38
Norde（2009）．“Degrammaticalization”. Oxford University Press.
小学館（1981） 国語大辞典
語種辞書 「かたりぐさ」 ver.1.0.1（2005-09-06）独立行政法人 国立国語研究所 https://csd.ninjal.ac.jp/lrc/index.php?%B8%EC%BC%EF%BC%AD%BD%F1%A1%D8%A4%AB%A4%BF%A4%EA%A4%B0

pp.144-145
高木徹（1994）．歌謡曲における言葉の変化：いわゆる「ら」抜き言葉について．言語文化研究：中部大学女子短期大学紀要 5．pp.137-145
高橋純子（2004）．日本語演習 2（コース報告特集）．筑波大学留学生センター日本語教育論集（19）．pp.211-214
高橋光子（2009）．「決して」の言語変化に示される文法化の特性．日本語学会 2009 年度秋季大会研究発表会発表要旨．日本語の研究 6（2）．pp.127-128
高山勉（1994）．キャンパス用語集．高槻
田辺和子（2008）．「というか」の文法化に伴う音韻的変化の一考察――縮約形「てか」「つか」をめぐって．明海日本語（13）．明海大学日本語学会．pp.55-63
飛田良文他（1991）．現代形容詞用法辞典．東京堂出版
戸村佳代（199）．大学生の言語感覚――いわゆる「ら抜き言葉」を中心として．人文科学論集（41・42）．pp.36-42
永瀬治郎（1993）．専修大学キャンパス言葉事典．NII 書誌 ID（NCID）：BA3381116X
中松竹雄（1975）．言語変化の要因．琉球大学教育学部紀要 第一部（18），pp.19-21．http://ci.nii.ac.jp/naid/40004191173
中村芳久編（2004）．認知文法論 II．大修館書店
名柄迪監修，茅野直子，秋元美晴，真田一司（1987）．外国人のための日本語例文・問題シリーズ 7「副詞」．荒竹出版
名柄迪監修，西原鈴子，川村よし子，杉浦由紀子（1988）．外国人のための日本語例文・問題シリーズ 5「形容詞」．荒竹出版
芳賀綏（1996）．あいまい語辞典　東京堂出版
橋本敬　文法化の認知モデル構築を通じた言語進化の検討統計数理研究所共同研究リポート No.217 pp.13-21
早瀬尚子，堀田優子（2005）．認知文法の新展開――カテゴリー化と用法基盤モデル――．研究社
日野資成（2008）．形式語の文法化　福岡女学院大学紀要．人文学部編　18．pp.197-213
日野資成（2001）．形式語の研究――文法化の理論と応用．九州大学出版会
平林幹郎（1986）．言語変化の要因と過程に関する若干の概観．大東文化大学紀要 人文科学（24），pp.273-318．http://ci.nii.ac.jp/naid/40004053968
舩木久範（2002）．いわゆる「ら抜き言葉」の現況とその考察．日本文學誌要 65，pp.117-127
ホッパー，P.J./E.C. トラウゴット（日野資成訳）（2003）．文法化．九州大学出版会
堀尾佳以（2002）．ぼかし言葉について．九州大学大学院修士論文
堀尾佳以（2007）．新しい形容詞．比較社会文化研究 22．pp.87-99．九州大学
堀尾佳以（2007）．接辞「～さ」の使用変化．九州大学留学生センター紀要（16）．pp.29-38，九州大学留学生センター
堀尾佳以（2008）．動詞化接尾辞「―る」について．比較社会文化研究 23．pp.83-91，九州大学

pp.182-171

小林茂之（2009）．日本語否定一致表現の文法化について．学苑 No.821．pp.66-75

斎藤雅裕，荻原将文（2009）．類推を行う言語処理ニューラルネットワーク．電子情報通信学会技術研究報告．NC，ニューロコンピューティング 108（480）．一般社団法人電子情報通信学会 pp.1-6

真田信治・陣内正敬ほか（1992）．社会言語学．桜楓社

佐野真一郎（2009）．現代日本語のヴォイスにおける進行中の言語変化に関する数量的研究――「ら抜き言葉」，「さ入れ言葉」，「れ足す言葉」を例として．Sophia linguistica : working papers in linguistics（57）. The Graduate School of Languages and Linguistics. Linguistic Institute for International Communication. Sophia University. pp.343-358

佐野真一郎（2008）．「日本語話し言葉コーパス」に現れる「さ入れ言葉」に関する数量的分析．言語研究　言語研究（133）．pp.77-106，日本言語学会

陣内正敬（1989）．九州方言の史的研究．桜楓社

新村出（1974）．広辞苑 第 4 版．岩波書店

新村出（2008）．広辞苑 第 6 版．岩波書店

西原鈴子，川村よし子，杉浦由紀子（1988）．形容詞（外国人のための日本語例文・問題シリーズ（5）．荒武出版

辛昭静（2002）．言語変化に対する意識と行動の比較研究：「ら抜き言葉」を例として．社会言語科学 5（1）．pp.117-128

辛昭静（2003）．「ら抜き言葉」の使用率に影響する言語内的要因と外的要因．計量国語学 24（2）．pp.94-108．計量国語学会

辛昭静（2003）．母語話者と日本語学習者の「ら抜き言葉」の使用と評価の比較（ポスター発表）（国語学会 2002 年度秋季大会研究発表会発表要旨）國語學 54（2）．p.130

辛昭静（2004）．「ら抜き言葉」の使用対象動詞の広がりを探る一考察：母語話者と日本語学習者を対象に（村松賢一先生退官記念号）．言語文化と日本語教育 27．pp.157-169

辛昭静（2005）．言語変種に対する意識調査：「―レル」型可能表現を事例として言語文化と日本語教育 30　pp.41-50．http://teapot.lib.ocha.ac.jp/ocha/bitstream/10083/50455/1/05_041-050.pdf

辛昭静（2006）．日本語学習者の言語変種の使用率に影響する言語外的要因：「―レル」型可能表現を事例として．言語文化と日本語教育 32．pp.1-9

菅井三実（2003）．概念形成と比喩的思考．辻幸夫編「シリーズ認知言語学入門・1 認知言語学への招待．大修館

高木勇（2007）．「さ入れ言葉」の使用の動機付けとその機能．日本語用論学会大会研究発表論文集（3）．pp.375-378

高木勇（2008）．「さ入れ言葉」の研究発表をやらさせていただきます．口頭発表・午後の部，日本語学会 2008 年度春季大会研究発表会発表要旨．日本語の研究 4（4）．

河上誓作編（1996）．認知言語学の基礎．研究社出版．p.210
北原保雄監修（2003）．日本語使い方考え方辞典．岩波書店
北原保雄編（2004）．問題な日本語—どこがおかしい？何がおかしい？．大修館書店
北原保雄監修（2006）．「みんなで国語辞典！」これも，日本語．「もっと明鏡」委員会編
清瀬義三郎則府（1989）．日本語文法新論——派生文法序説——．桜楓社
金水敏（2004）．日本語の敬語の歴史と文法化．月刊言語 33（4） 特集文法化とはなにか pp.34-41
グループ・ジャマシイ（1998）．教師と学習者のための日本語文型辞典．くろしお出版
「現代用語の基礎知識」編集部（1995）．現代用語の基礎知識 1995 年版．自由国民社
「現代用語の基礎知識」編集部（1996）．現代用語の基礎知識 1996 年版．自由国民社
「現代用語の基礎知識」編集部（1997）．現代用語の基礎知識 1997 年版．自由国民社
「現代用語の基礎知識」編集部（1998）．現代用語の基礎知識 1998 年版．自由国民社
「現代用語の基礎知識」編集部（1999）．現代用語の基礎知識 1999 年版．自由国民社
「現代用語の基礎知識」編集部（2000）．現代用語の基礎知識 2000 年版．自由国民社
「現代用語の基礎知識」編集部（2001）．現代用語の基礎知識 2001 年版．自由国民社
「現代用語の基礎知識」編集部（2002）．現代用語の基礎知識 2002 年版．自由国民社
「現代用語の基礎知識」編集部（2003）．現代用語の基礎知識 2003 年版．自由国民社
「現代用語の基礎知識」編集部（2004）．現代用語の基礎知識 2004 年版．自由国民社
「現代用語の基礎知識」編集部（2005）．現代用語の基礎知識 2005 年版．自由国民社
「現代用語の基礎知識」編集部（2006）．現代用語の基礎知識 2006 年版．自由国民社
「現代用語の基礎知識」編集部（2007）．現代用語の基礎知識 2007 年版．自由国民社
「現代用語の基礎知識」編集部（2008）．現代用語の基礎知識 2008 年版．自由国民社
「現代用語の基礎知識」編集部（2009）．現代用語の基礎知識 2009 年版．自由国民社
「現代用語の基礎知識」編集部（2010）．現代用語の基礎知識 2010 年版．自由国民社
「現代用語の基礎知識」編集部（2011）．現代用語の基礎知識 2011 年版．自由国民社
「現代用語の基礎知識」編集部（2012）．現代用語の基礎知識 2012 年版．自由国民社
「現代用語の基礎知識」編集部（2013）．現代用語の基礎知識 2013 年版．自由国民社
「現代用語の基礎知識」編集部（2014）．現代用語の基礎知識 2014 年版．自由国民社
「現代用語の基礎知識」編集部（2015）．現代用語の基礎知識 2015 年版．自由国民社
「現代用語の基礎知識」編集部（2016）．現代用語の基礎知識 2016 年版．自由国民社
「現代用語の基礎知識」編集部（2017）．現代用語の基礎知識 2017 年版．自由国民社
「現代用語の基礎知識」編集部（2018）．現代用語の基礎知識 2018 年版．自由国民社
「現代用語の基礎知識」編集部（2019）．現代用語の基礎知識 2019 年版．自由国民社
小出慶一（2004）接辞「～的」の新しい用法——「～的には」という用法について 群馬県立女子大学国文学研究（24）群馬県立女子大学国語国文学会 pp.1-14
誤字等日本語研究会（2005）．バカにみえる日本語．辰巳出版
小林賢次（2005）．条件表現史にみる文法化の過程．日本語の研究第 1 巻 3 号．

参考文献

秋月高太郎（2004）．ありえない日本語．ちくま新書

浅井真慧，深草耕太郎，坂本充（1997）．「的を得た」は的を射ているか――第 7 回ことばのゆれ全国調査から（2）．NHK 放送文化研究所．pp.52-61

アントワーヌ・メイエ著．甲斐崎由典訳（1912）．文法形式の発達．Scientina（Rivista di scienza）第 12 号．Cercle linguistique de Waseda（ed.），Travaux du Cercle Linguistique de Waseda vol.10, 2006, pp.61-80

飯野公一ほか（2003）．新世代の言語学．くろしお出版

石原一輝ほか（2020）．現代のリアルな若者の若者言葉の使い方とその心理 金沢大学人間社会学域経済学類社会言語学演習［編］（15）．pp.33-46

石原洋子（2004）．内部への移動を表す動詞――複合動詞の後項動詞における文法化に視点をおいて――．日本語学会 2004 年度秋季大会研究発表会発表要旨．p.131

井上史雄他（2002）．辞典〈新しい日本語〉．東洋書林

井上史雄（1998）．日本語ウォッチング．岩波新書

井上史雄（2003）日本語は年速 1 キロで動く．講談社選書 1672

岩崎真梨子（2008）．日本語の研究」4（2）．「―ぽい」の展開と文法化．pp.134-135.

内田朋子（2009）．「Adj ＋すぎる」についての一考察――「文法化」の概念を用いて．比較文化研究（86）．日本比較文化学会．pp.95-112

内海正人（2007）スライド解説 労基署“がさ入れ”防衛策――社員に垂れ込まれないためのポイント教えます．人事マネジメント 17（1）．pp.33-49

遠藤織枝（1984）．接尾語「的」の意味と用法．日本語教育（53）．pp.125-138

王絹（2011）．日本語の接尾辞「的」に関する歴史的研究――認知言語学の視点から――．博士論文

大塚明子（2003）．新語死語流行語．集英社新書

大野晋（2002）．大野晋の日本語相談．朝日新聞社．文庫初版 pp.25-28

大堀壽夫（2004）．月刊言語 2004．4　文法化とはなにか p.26

大堀壽夫（2002）．認知言語学．東京大学出版会

奥山益朗編（1974）．現代流行語辞典．東京堂出版

梶原しげる（2003）．口のきき方．新潮社

加藤重広（2010）．日本語における文法化と節減少（特集 形態法と統語法の境界領域）．アジア・アフリカの言語と言語学 5．pp.35-57．東京外国語大学アジア・アフリカ言語文化研究所

金澤裕之（2005）．「～的」の新用法について．日本語科学 17．pp.91-104

亀田弘之（1995）．用例からの類推による未知語の自動獲得．電子情報通信学会ソサイエティ大会講演論文集 1995 年．基礎・境界．一般社団法人電子情報通信学会．pp.225-226

ima/press_release/pdf/h22_yoronchosa.pdf%A4%B5%A1%D9
堀田隆一　言語変化を阻害する要因　http://c-faculty.chuo-u.ac.jp/~rhotta/course/2009a/hellog/2010-07-01-1.html
間抜けさに専門家の頭が…（「―さ」使用例）　http://mechag.asks.jp/535276.html
宮下博幸「文法化研究とは何か」　http://www.venus.dti.ne.jp/~kaisaki/gengoken/pdf/vol10/10miyashita.pdf
宮前和代　ことばは何故変わるのか　http://www.senshu-u.ac.jp/~off1013/bunken/pdf_syohou/16_0016-0043.pdf
用語集「タヒる」　https://numan.tokyo/words/UZQJq?page=2
「よき」の意味や漢字表記、由来は？　https://oggi.jp/6330530
用語集「ズっ友」　https://numan.tokyo/words/TPae3
流行語大賞　http://singo.jiyu.co.jp/
Weblio辞書「わかりみ」　https://www.weblio.jp/content/わかりみ
Bybee & Pagliuca（1985）　http://books.google.co.jp/books?id=76UUIcCqMYkC&pg=PA59&lpg=PA59&dq=Bybee+%26+Pagliuca%E3%80%801985+Historical+Semantics+and&source=bl&ots=73wP1i9HN-&sig=TQEOYkT3ZeqbuK_PKdHAKo_1WPM&hl=en&sa=X&ei=OwbjUL3ZOMqpkQXW_4CQDg&ved=0CDAQ6AEwAA#v=onepage&q&f=false
「Disる」使用例（togetter）　http://togetter.com/li/420477
EXITのチャラ語録まとめ！　https://yuanna-mamaburo.com/exit-charago/
google ニュース検索　http://news.google.co.jp/nwshp?hl=ja&ned=jp
【#46 予告】『それSnow Manにやらせて下さい』　https://www.youtube.com/watch?v=3yIClQca0cY
SixTONES田中樹&EXIT兼近大樹、「じゅったん」「ちーかね」と呼び合う仲　https://thetv.jp/news/detail/1021079/

http://www.ninjal.ac.jp/products-k/katsudo/seika/corpus/public/index_j.html（2006年6月閲覧。現在不可）
http://www.geocities.jp/neko5suzume/gn02.htm#ta#ta（2006年6月閲覧。現在閲覧不可）
https://81orchid.com/exit-charago-neogeinin/（2020年8月閲覧。現在閲覧不可）

参考 Web

函連絡船の名前にはなぜ「丸」がつくのですか？ 114

絶望的な間抜けさ（「―さ」使用例）　http://ameblo.jp/takashihara/entry-11495914576.html

造語辞典　https://jimaru.net/japanese-slang/ha-line/poyo/

若年層流行語「それな」の方言性と使用実態（卒業論文）関西大学　宍戸彩花　http://hougen.sakura.ne.jp/hidaka/kenkyu/zemi/shishido.pdf

ピクシブ百科事典「たそ」　https://dic.pixiv.net/a/たそ

大辞泉　http://dic.yahoo.co.jp/dsearch?dtype=0&dname=0na&index=12652300

都染直也（1992）．甲南大学キャンパスことば辞典　http://ha8.seikyou.ne.jp/home/wexford/newpage100.htm

デジタル大辞泉「浪花節的」　http://kotobank.jp/word/浪花節的

デジタル大辞泉「鴆的」　http://kotobank.jp/word/鴆的

デジタル大辞泉「良さげ」　http://kotobank.jp/word/良さげ

「尊い」の意味や類語を解説！　https://dic.pixiv.net/a/%E5%B0%8A%E3%81%84　ピクシブ百科事典　「尊い」

浪花節的営業手法（「浪花節的」使用例）　http://jyouhoukan.net/column/251_naniwabusi.htm

浪花節的な予想（「浪花節的」使用例）　http://blog.livedoor.jp/ken1326shirasawa/archives/65109804.html

日本俗語辞典　http://zokugo-dict.com/

日本語，どうでしょう？　https://japanknowledge.com/articles/blognihongo/entry.html?entryid=262

ニコニコ大百科（あげぽよ）　https://dic.nicovideo.jp/a/%E3%81%82%E3%81%92%E3%81%BD%E3%82%88

ニコニコ大百科（単語「馬鹿」について）　http://dic.nicovideo.jp/a/馬鹿

ぬえ的（「ぬえ的」使用例）　http://sustainability.shinnihon.or.jp/publish/pdf/publish007nihontekikozo_app.pdf

ぬえ的である。（「ぬえ的」使用例）　http://suigei.blog10.fc2.com/blog-entry-1275.html

ネ申ってどういう意味？　語源や使い方（例文付き）も紹介！　https://youngjapanesedic.com/ネ申/

Weblio 辞書「バズる」　https://www.weblio.jp/content/バズる

パリピ芸人 EXIT のチャラ語まとめ！　ネオ渋谷系漫才がチャラいのにクセになる！　https://career-picks.com/business-yougo/toutoi/

文化庁　平成 19 年度「国語に関する世論調査」について　http://www.bunka.go.jp/kokugo_nihongo/yoronchousa/h19/kekka.html

文化庁　平成 20 年　国語に関する世論調査の結果について　http://www.bunka.go.jp/kokugo_nihongo/yoronchousa/h20/kekka.html

文化庁　平成 22 年度「国語に関する世論調査」について　http://www.bunka.go.jp/

参考 Web

使用 URL 一覧（すべて 2021 年 7 月 7 日閲覧）

五十音順。辞書名の後の語彙を優先して掲載。

アサヒるとは　http://d.hatena.ne.jp/keyword/%A5%A2%A5%B5%A5%D2%A4%EB

インターネット普及率の変化　http://www.garbagenews.net/archives/1766007.html

「おけまる」の意味と由来・おけまる水産とは？おかめるの類語４つ　https://mayonez.jp/topic/1008029

「おけまる」は死語？意味と語源，使い方，類語を例文付きで解説　https://eigobu.jp/magazine/okemaru

外来語に関する意識調査（全国調査）国立国語研究所　http://www.ninjal.ac.jp/archives/genzai/ishiki/index.html

家族の LINE がしんどい w ×「魔法の絨毯」川崎鷹也　https://www.youtube.com/watch?v=pluchCCPHwA

言葉一般について国立国語研究所トップ＞日本語の現在＞全国調査＞II. 調査結果の概要＞第９章　言葉一般について＞２　言葉の乱れ　http://www.ninjal.ac.jp/archives/genzai/ishiki/9-2.html

言語科学考察における哲学的意味　http://ci.nii.ac.jp/els/110006460621.pdf?id=ART0008478235&type=pdf&lang=jp&host=cinii&order_no=&ppv_type=0&lang_sw=&no=1368303618&cp=

言語変化　世界大百科事典　http://kotobank.jp/word/ 言語変化

検索デスク　http://www.searchdesk.com/news.htm

コセリウによる３種類の異なる言語変化の原因　http://c-faculty.chuo-u.ac.jp/~rhotta/course/2009a/hellog/2012-10-30-1.html

ことばの歴史・人の移動史　http://www.academia.edu/2498306/_-_The_development_of_languages_and_the_history_of_human_dispersal_Language_which_is_transmitted_beyond_time_and_space_and_a_story_about_its_speakers_in_Japanese_

コトバの意味辞典　https://word-dictionary.jp/posts/2147

「さりげ，さりげに」とは？　意味と例文が３秒でわかる！　https://kotowaka.com/young/sarige/

辛昭静「ら抜き言葉」研究概観（2002）　http://teapot.lib.ocha.ac.jp/ocha/bitstream/10083/48945/1/02-ShinS-re051210-final.pdf

女子中高生ケータイ流行語大賞 2012「てへぺろ」が金賞　https://resemom.jp/article/2012/12/12/11288.html

青函連絡船の名前にはなぜ「丸」がつくのですか？　http://mashumaru.com/? 青

索　引

あ行

か行

さ行

た行

な行

〈著者紹介〉

堀尾佳以（ほりお　けい）

九州大学大学院芸術工学府にて博士号取得（芸術工学博士）。
北見工業大学国際交流センターを経て
現在，宇都宮大学工学部留学生担当専任講師。
専門：日本語学・異文化コミュニケーション

若者言葉《わかものことば》の研究《けんきゅう》
——SNS時代の言語変化——

2022年5月16日　初版発行

著　者　堀尾佳以

発行者　笹栗俊之

発行所　一般財団法人 九州大学出版会
〒814-0001　福岡市早良区百道浜3-8-34
九州大学産学官連携イノベーションプラザ305
電話　092-833-9150
URL　https://kup.or.jp/

印刷・製本　城島印刷㈱

ISBN 978-4-7985-0324-0